일본 여성 등산사

* 이 도서의 국립중앙도서관 출판예정도서목록(CIP)은 서지정보유통지원시스템 홈페이지
(http://seoji.nl.go.kr)와 국가자료공동목록시스템(http://www.nl.go.kr/kolisnet)에서 이용하실 수 있습니다.
(CIP제어번호: CIP2018007129)

일본 여성 등산사

초판 1쇄   2018년 3월 23일

지은이   사카쿠라 도키코坂倉登喜子, 우메노 도시코梅野淑子
옮긴이   최원봉

펴낸이   변기태
펴낸곳   하루재 클럽
주소   (우) 06524 서울특별시 서초구 나루터로 15길 6(잠원동) 신사 제2빌딩 702호
전화   02-521-0067
팩스   02-565-3586
이메일   gitae58@hotmail.com
출판등록   제2011-000120호(2011년 4월 11일)

편집   유난영
디자인   장선숙

ISBN   979-11-962490-1-4 03900

* 책값은 뒤표지에 있습니다.

일본 여성 등산사

日本女性登山史

사카쿠라 도키코坂倉登喜子·
우메노 도시코梅野淑子 지음
최원봉 옮김

ᴖ하루재클럽

프롤로그

요즈음 산에 가면 여성들이 등산하는 모습을 자주 보게 되는데, 이는 별로 특별한 일도 아니며, 때와 모임의 성격에 따라서는 여성의 수가 남성보다 많은 경우도 드물지 않다. 또한 알피니즘 같이 남성들조차 힘들어하는 분야에도 여성들이 끊임없이 진출하고 있다.

지금은 당연시되는 이런 일에도 시초가 있으며, 그에 상응하는 역사가 있다. 시중에 「등산사登山史」라고 출간된 책이 적지 않지만, 여성 등산사의 경우에는 동서양을 막론하고 정리된 책을 거의 찾아볼 수 없는 것이 오래전부터 마음에 걸렸다. 언젠가 누군가는 해야 되는 일이라고 생각하면서 그냥 둬버리면, 시간이 갈수록 어려워지는 법이다. 우리들은 이대로는 안 되겠다는 생각에 언제부턴가 틈틈이 일본의 여성 등산사를 정리하려는 마음으로 자료를 수집, 검색하고 검토하기를 반복했다. 어느 정도 정리가 끝나서 책을 출판하기로 마음먹고 집필 작업에 착수하였다. 돌이켜보면 이 작업은 사실 거기서부터 출발이었다는 생각이 든다. 사료史料를 찾아가며 수정할 때마다 미쳐버릴 것 같았던 순간도 여러 번 있었다.

우리들의 이 변변찮은 작업이 얼마나 미숙한지는 잘 알고 있으며, 충분하지 못함을 변명할 생각 또한 없다. 하지만 등산의 초등初登과 같은 모든 개척자적 업적이 그런 것처럼, 선인들의 발자취가 남아 있지 않은 새로운 작업을 한다는 것이 얼마나 힘든 일인지 이 책의 집필·편집 과정에서 다시 한 번 깨닫게 되었다. 예상 이상의 악전고투였다.

우리들이 「일본 여성 등산사」를 집필하게 된 이유는 우선 우리 자신이 여성이고, 나이가 들어서도 등산을 계속 하고 있으며, 무엇보다 산을 좋아하고 등산을 사랑해 왔기 때문이다. 이번 「일본 여성 등산사」 발간에 있어서 우리가 「여성 스포츠 사史」로서의 단순한 서술에 머물지 않으려고 노력해 왔다는 것을 다시 한 번 말해 두고 싶다.

일본의 여성이 산에 오르는 데는 네 가지의 어려움이 있었다.

첫 번째는 「여인금제女人禁制」라 부르는 관습이었다. 일본의 많은 산들은 옛날부터 신앙의 대상으로서 성스럽게 숭배되어 왔다. 그런데 여성은 불결한 인간이라 하여 그 성스러운 산에 입산하는 것 자체가 금지되어 있었다. 여성이 산에 오르면 산의 노여움을 불러 재앙을 일으킨다는 것이 그 이유였다. 그런 관습은 여성에게 치명적인 장벽으로서 1872년까지 일본 전국에서 유지되어 왔던 것이다.

관습이라는 장벽에 갇혀 있던 시대의 여성을 생각하면 같은 여성으로서 불쌍하게 느껴진다. 그 시대에 여자로서, 인간으로서 이해할만한 인생을 살아갈 수 있었던 여성이 얼마나 있었다고 말할 수 있을까? 살아 있는 즐거움을 모르는 채 짧은 일생을 마쳤던 수많은 여성들의 궤적이 일본 여성의 역사가 아니었을까? 하물며 등산의 즐거움 따위는

유럽 알프스 초기 등산 시대에 자일을 허리에 두르고 치마를 입은 여성들과 가이드

꿈속의 꿈밖에 되지 않았다.

　그런데 아직까지도 일본에서 그러한 관습이 일부 산정山頂이나 신사神社 등의 신앙등산信仰登山으로 유명한 지역에 남아 있다고 하면 깜짝 놀랄 독자들도 많이 있을 거라고 생각된다. 예를 들면, 나라현奈良県 오미네산大峰山의 야마가미노다케山上ケ岳, 효고兵庫·오카야마현岡山県의 경계에 있는 우시로야마산後山에서는 21세기를 눈앞에 둔 지금도 「여인금제」가 그대로 남아 있고, 여성은 그 정상을 밟는 것 자체가 공식적으로 허용되지 않고 있다. 「여인금제」의 잔재가 산의 세계에서는 아직도 끈질기게 남아 있는 것이다.

　두 번째는 '여성답지 않은'이라는 식의 차별 의식이다. '여자는 여성스럽고, 우아하고 얌전해야 한다'라고 하는 '이상형의 여성상'의 구호

기모노 차림의 후지산富士山 등산(1912년)

아래에서는 산에 오르겠다는 발상 자체부터가 어려웠다. 이것은 전쟁
전의 남존여비시대는 말할 것도 없고 유감스럽게도 현재에도 전혀 없
다고 말하기는 힘들다. 아이 딸린 여성이 아이를 남편에게 맡기고 산
으로 떠난다는 것은 요즘에도 대단한 용기가 필요한 일이다. 그러한
행동은 경우에 따라서 같은 여성끼리도 비난하는 경우가 있어서 오히
려 남편에게 동정을 받기도 했다.

　세 번째는 두 번째 어려움과 연관이 있는데, 여성은 사회적·경제
적으로 약자의 입장에 놓여 있다는 것이다. 요즈음 장기 연휴가 되면
직장 여성들의 해외 관광여행이 눈에 띄게 늘었다. 그러나 일단 결혼
하게 되면 남편은 물론 가족과의 의논이나 허락 없이 산행할 수 있는
여성은 아직까지도 소수에 불과한 게 현실이다.

　네 번째는 남성에 비해서 여성이 체력적으로 열세에 있다는 점이다. 등산의 경우에는 내한성이나 유연성 등 여성이 남성보다 오히려 우월하다고 생각되는 부분도 있다. 그러나 근력, 폐활량 등 종합적인 체력 면에서는 남성이 강하다는 것은 명백한 사실이다. 자연을 상대로 하는 등산에 있어서 체력의 열세는 극히 냉엄한 것이다. 현재 이 네 번째의 어려움은 일부 첨예한 등산인 경우에는 여전히 문제가 되지만, 일반 등산에 있어서는 과학적 지식과 트레이닝, 장비의 향상 등으로 결정적 열세가 아닌 것으로 바뀌어가고 있는데, 이는 기쁜 일이다.

이처럼 네 가지 장애로 인해 일본 여성이 산에 오르는 데 현실적으로 어려움이 있었다. 따라서 「일본 여성 등산사」는 이 네 가지의 어려움을 극복해가는 발걸음의 궤적이며, 필자들은 이 책이 단순한 스포츠 사료史料 나열 이상의 의미를 갖도록 노력했다.

이 책을 집필하는 동안, 여성 입장에서의 어려움은 어떤 것이 있었는지를 항상 염두에 두었다. 따라서 여성이 이 어려움을 극복하는 것이 매우 힘들었던 시기, 즉 근대 알피니즘의 여명기까지가 이 책의 중심이며, 전후戰後의 시기에 관해서는 해외 등산과 학교 등산대학, 고등학교에 중점을 두었다. 일본 여성의 해외 등산은 전후에 시작되었으며, 이 책에서는 그 기록을 가능한 한 많은 자료를 조사·수집하여 전모全貌를 밝힐 수 있도록 노력했다.

그러나 동료들과 그동안 꾸준히 모아 왔던 자료를 토대로 정리하여 책으로 발간하려고 보니 그다지 만족할 만큼 자료를 발굴하지도 못했고, 체계적으로 기술하기에는 너무나 자료가 부족했다는 것을 인정하지 않을 수 없다. 등산연구가 야마자키 야스지山崎安治, 1919-1985 씨가 집필했던 「일본 등산사^{新稿 日本登山史}」^{1986년 하쿠스이샤白水社 출판}는 오랫동안 고생하며 수집한 방대한 자료를 바탕으로 한 일본의 산악사이며, 현재까지 가장 잘 정리된 등산 역사서로 자리매김 하여도 좋을 것이라고 생각된다. 그러나 이 책에 기술되어 있는 여성들의 기록은 주로 초등, 조난, 학교 등산의 초기 활동 등 극히 소수 인물과 해외 원정에서 활약한 여성의 것에 국한되어 있어서 지극히 미미하다고 밖에 말하지 않을 수 없다.

이 책을 편집할 때 전국의 각 기관에 호소하여 우리들이 모아둔 자료에 새로운 역사 자료를 보충하려고 노력해 봤지만 대부분은 이미 때가 늦어 버렸고, 지난 시절을 알 수 있는 생존자들도 없었으며, 신앙 등산지의 숙박시설 숙박부조차 남아 있지 않았다. 그런 이유로 오래전 세대의 묻혀 버린 역사의 대부분은 유감스럽게도 파헤치지도 못하고, 신앙등산지에 관한 기록은 거의 찾아볼 수가 없었다.

그래도 『매일신문』 지면^{1986년 3월 3일}과 『산과계곡』 잡지^{1987년 4월호}에 널리 자료 제공을 호소할 수 있는 기회가 있어서, 여성 초기 등산에 관한 몇 가지 귀중한 자료를 입수하게 된 것은 정말로 다행스러운 일이었다.

또한 이보다 앞서 1985년 일본산악회 80주년을 기념한 산악자료 전시회에서 동회의 부인간담회^{지금은 여성간담회}는 「여성 등산 현대로의 발걸음」이라는 주제로 여성 등산의 역사를 보여줄 수 있는 각종 자료나 사진을 전시하였었다. 그때에 지금도 건재한 여류 등산가들로부터 귀중한 사진들을 제공받았으며 아울러 수많은 실물 자료도 모을 수가 있었다.

그 자료들은 이 책을 펴내는 데 기초 자료로서 많은 도움이 되었지만, 앞에서 언급한 대로 이 책이 완벽하다고는 말할 수 없다. 이 책의 간행을 계기로 독자들로부터 새로운 자료, 정보 제공 등의 협력을 기대하며, 우리들의 연구도 이것으로 끝내지 않고 조사를 계속하여 보다 완벽한 책으로 만들어가고 싶다. 게다가 충분하지는 않지만 우리들이 역사의 일부분을 기록으로 정리함으로써 다음 세대의 연구자에 의해 보다 충실한 「일본 여성 등산사」가 완성되기를 절실하게 바란다.

이 책은 사카쿠라와 우메노의 공동 집필이며, 자료 수집부터 집필·출판에 이르기까지 약 7년이 걸렸다. 그동안 등산가이자 등산 저널리스트인 곤도 가즈요시近藤和美 씨로부터 전편에 걸쳐서 귀중한 조언을 세심하게 받았다. 특히 「해외 등산」에 관한 장章에서 곤도 씨의 전폭적인 조사와 협조를 받은 것에 존경의 마음을 드리며, 그분의 협력이 없었다면 이 책이 햇빛을 보게 되기까지는 훨씬 오래 걸렸을 것임을 고백한다. 이에 서문에 적음으로써 감사의 뜻을 표하고자 한다.

1992년 8월
사카쿠라 도키코坂倉登喜子
우메노 도시코梅野淑子

제1장

여인금제와 여성의 등산

일본의 산은 8세기 말 나라奈良시대710년 ~ 794년에 생긴 산악신앙에 의해 각지의 산이 개방되었고, 헤이안平安시대794년 ~ 1185년에는 종교와 결부되어 등산이 한층 더 번성하게 되었다.

에도江戶시대[01]에 걸쳐 신앙등산을 중심으로 하는 슈겐도修験道[02]가 발달하면서, 후지산을 비롯하여 하구로산羽黒山, 다테야마立山, 하쿠산白山, 키소미다케木曾御岳, 오야마大山, 이시즈치산石鎚山, 히코산英彦山 등 여러 지방의 산들을 신앙의 대상으로 하여 참배객들이 오르기 시작하였다. 또한 집단 참배를 목적으로 하는 단체 등산도 늘기 시작하여 후지코富士講나 미다케코御岳講 등의 단체 참배객을 수용할 수 있는 숙소가 산기슭에 번성하였으며, 지금도 그 당시 숙소들의 옛 모습을 그대로 간직하고 있는 지역들이 많다.

하지만 이러한 등산은 전부 남성들만의 것이었다. 성지聖地에는 여

---

01 1603년 ~ 1867년. 도쿠가와 이에야스德川家康가 대장군에 임명되어 막부를 개설한 1603년부터 15대 쇼군 요시노부가 정권을 조정에 반환한 1867년까지의 봉건시대. 정권의 본거지가 에도江戶:현 도쿄였으므로 이렇게 부르며, 또한 정권의 주인공인 도쿠가와의 성을 따서 도쿠가와시대라고도 한다.

02 일본의 고대 산악신앙에 불교와 도교가 가미된 종교

성들을 들어오지 못하게 하는 「여인금제女人禁制」라는 관습이 만들어 낸 결과이다.

그런데 오랫동안 남성들만의 점유물이었던 일본의 산들을 언제부터인가 서서히 여성들이 오르기 시작하였고, 그것이 현 여성 등산 대중화로 이어진 것이다.

그렇다면 언제부터 여성들이 산에 오르기 시작했을까? 우리들은 우선 여기에 흥미를 느끼기 시작해 오늘까지 문헌이나 기록을 조사해 왔다. 여인금제가 풀린 것은 1872년 3월 27일에 공포된 태정관太政官 포고布告 제98호에 의해서다. 「부처님을 모신 신사神社에 여자들이 들어올 수 없도록 하는 지역03이 있습니다만, 이 령令 …」, 이 전문全文 서른여섯 자字의 포고에 의해 히에이잔比叡山04에서 시작하여 천 년 동안 시행해 온 영산靈山의 여인금제가 해제되었다. 이러한 기록에 따라 일본의 여성들이 산에 오르기 시작한 것은 그 후의 일이라고 일단 생각되지만, 여인금제가 해제되고부터 백 년 이상의 세월이 흘러 그간의 여성 등산에 대한 거의 대부분의 기록이 이미 없어져 버렸다. 원래 기록 그 자체가 없었을지도 모르지만. 그렇지만 우리가 조사한 바로는 여인금제 해제에도 불구하고, 메이지시대 중반 즉 20세기 초반에 이르기까지도 그저 기록만 묻혀 있는 것이 아니라 여성 등산 역시 공백기였다.

그러나 여인금제 시대에도 어려운 제약을 뛰어넘어서, 극히 소수이지만 여성이 등산을 했던 것도 사실인 것 같다. 하지만 언제, 어디서,

---

03   뇨닌켓카이女人結界

04   교토시京都市 동북방 시가현滋賀県의 경계에 있는 산

누가 등산을 했는지는 확실치 않다. 그런데 여인금제 규정을 어기면서 산에 오른 여성이 규정을 위반한 것이 두려워 공표하기를 꺼려 그냥 비밀로 했다는 이야기를 에치고越後[05]산기슭이나 그 밖의 지방에서 들은 적이 있다. 세상에 드러나지 않은 채로 묻혀 버린 여성의 산행도 있었음이 틀림없다.

여성의 등산을 가로막은 「여인금제」의 난관을 여성들이 어떻게 극복했는지를 설명해 줄 만한 자료는 극히 한정되어 있다. 그럼에도 불구하고 귀중한 기록을 찾을 수 있었는데, 앞으로 4개의 산에 대해서 구체적인 사실을 서술하고자 한다.

지금은 시대가 변하여 신앙등산에서 취미등산, 스포츠등산의 전성시대가 되고, 여성 또한 눈부신 업적을 남겨 현재에 이르고 있는 것은 기쁜 일이다. 그러나 이는 초기에 길을 열어 준 여명기 여성들의 노고勞苦가 있었기에 가능한 일이며, 그들의 업적을 빼고서는 현 여성 등산을 얘기할 수 없는 것이다.

---

05   니가타현新潟県의 옛 이름

富士山
후지산을 초등한 여성

여성 등산사는 후지산 초등에 관한 이야기부터 시작하지 않을 수 없다. 그것은 후지산이 말할 필요도 없이 일본의 최고봉이며, 지명도에 있어서도 일본 제일의 산이라는 이유 때문만은 아니다. 후지산은 옛날부터 신앙등산의 대상으로 오랜 역사를 가지고 있기 때문이다. 게다가후지산에는 초등을 둘러싼 일본 여성 등산사의 모두冒頭를 장식하기에걸맞은 이야기가 숨겨져 있다.

후지산에 관해서는 한학자漢學者 미야코노 요시카都良香[06]가 헤이안平安시대 중기에 해당하는 875년부터 879년 사이에 저술했다고 알려진『후지산기記』에 정상의 모습이 상세하게 묘사되어 있기 때문에 그 시절에 이미 정상까지 등정했던 사람이 있었다고 생각된다. 헤이안 말기의 사료史料『본조세기本朝世紀』1149년 4월 16일 항목에는 스루가국駿河国[07]말기에 승려僧侶가 산 정상에 부처님을 모신 집을 짓고 다이니치지大

---

06 헤이안시대의 시인이자 한학자. 한시에 능통하고 힘이 셌지만 재물 운이 없어서 평생을 가난하게 생활했다고 한다. 도씨문집都氏文集, 화한낭영집和漢朗詠集, 신선낭영집新撰朗詠集이 전한다. 872년 5월 발해 사신 양성규가 일본을 방문하자 일본왕이 요시카를 보내 접대하고 문학적 교류를 하도록 하였다.

07 지금의 시즈오카현静岡県에 해당한다.

日寺라 부른 적이 있으므로 그 당시에 슈겐쟈修驗者[08]의 등산이 성행盛行했음을 엿볼 수 있다. 무로마치室町시대[1336년 ~ 1573년]에는 슈겐쟈修驗者를 비롯해 일반인들의 등산도 더욱 성행하게 되었고, 에도江戸시대가 되면서 한 해 여름에 8,000명 전후의 사람들이 등산했다고 전해진다. 이런 것들로부터 대충 추측해 보면, 막부幕府시대 말기까지 연 수십만 명의 사람들이 후지산을 등정했다는 계산이 나온다. 하지만 이 수십만 명의 사람들은 틀림없이 「여인금제」 규정에 의해 전부 남성들이었다고 해도 틀린 말은 아닐 것이다. 후지산 등산 천 년의 역사는 「남성전용」의 역사임에 틀림없다.

남성의 후지산 초등은 지금에 와서 알 길이 없지만, 여성에 대해서는 「여인금제」가 해제되고 후지산 등산이 가능하게 된 것이 백 수십 년 전의 일이므로 후지산 초등의 영광을 누구에게 주어야 타당한가 하는 논의가 분분하다.

근래까지 후지산 등정 여성 제1호는 실은 일본 여성이 아니라 막부 말기의 주일 영국공사 해리 스미스 파크스 경Sir Harry Smith Parkes[09]의 부인이라고 알려져 있었다. 파크스 부인은 남편인 공사와 친구들, 일본인

---

08 일본에서 산은 선조의 영이 향하는 땅이자 신비한 힘을 가진 정령의 주거지이며, 강물과 나무 열매 등의 혜택을 가져다주는 근원이라 생각하고, 그런 산에 들어가 깨끗한 '기'를 받아들이려는 수행자가 지극히 자연스럽게 발생했다. 이러한 산악신앙이 혼합되어 생겨난 종교가 슈겐도修驗道이고, 영산靈山에서의 수행을 통해 신통력을 얻으려 하는 승려를 슈겐쟈修驗者라고 한다.

09 1828 ~ 1885, 중국 광저우廣州 주재 영국영사를 지내면서 1차 아편전쟁, 2차 아편전쟁, 북경 함락 등의 굵직한 사건 등에서 활약하였고, 시암타이 왕국과도 조약을 체결한 동아시아 전문가였다. 중국에서도 광동, 홍콩, 천진, 북경, 상해 등 수많은 도시에 주재하였고, 태평천국과 청나라 정부 사이도 중재하는 등 대단한 정치적 감각을 지닌 사람이었다. 1865년 올콕의 후임으로 일본 주재 영국공사로 부임했다.

직원과 동행하여 1867년 10월 1일에 후지산을 등산했다. 이 사실은 그 당시에도 큰 화제가 되어 존 레디 블랙[John Reddie Black][10]저著 『어린 일본 Young Japan 』1880년 1월 간刊, 역서는 평범사平凡社의 동양문고東洋文庫에 수록에 그때의 모습이 서술되어 있다.

> 파크스 경은 부인과 많은 친구들과 함께 이달 초[1867년 10월] 후지산을 등산했다. 매우 늦은 시기여서 정상은 벌써 눈에 덮여 있었다. 그러나 일행은 온갖 난관을 극복하고 등정에 성공했다. 파크스 부인도 끝까지 노력해서 마침내 일본 최고봉에 우뚝 섰다. 그녀야말로 이 신성한 정상에 도착한 최초의 외국 여성이었다. 일본 여성은 이 산을 오르는 것이 금지되어 있기에 아마 여성으로서는 최초의 등반자일 것이다.

또한 1890년에 영국에서 간행된 바질 홀 챔버레인[Basil Hall Chamberlain][11]이 저술한 『일본사물지日本事物誌 』[12] 후지富士 항목에 다음과 같이 기술되어 있다.

> 옛날에는 여성이 8부 능선 위로 올라가는 것은 허가되지 않았다. 파크스 부인이 정상에 올라간 최초의 여성이었다. 그때가 1867년 10월이었다.

후지산에 여인금제가 공식적으로 풀린 것이 1872년이므로 파크스 부

---

10 1826 ~ 1880, 영국의 출판인, 저널리스트, 작가, 사진가이자 가수. The Far East를 비롯해서 여러 개의 신문을 발행했고, 생의 대부분을 중국과 일본에서 보냈다. 요코하마橫浜 외국인 묘지에 묻혔다.

11 1850 ~ 1935, 영국인으로 1874년부터 1882년까지 도쿄에 있는 Imperial Japanese Naval Academy에서, 이후에는 도쿄제국대학에서 일본어 교수를 지냈다. 1911년 일본을 떠나 스위스 제네바에서 1935년 생을 마쳤다.

12 역서는 평범사가 간행한 동양문고에 수록.

인의 후지산 등정은 그 5년 전, 여인금제가 한창인 때의 일이었다. 여성의 입산금지제도가 풀릴 때까지 후지산의 각 등산로에는 검문소[13]가 설치되어 여인금제 표목을 세우고 여성들이 거기서부터 위로는 올라가지 못하도록 엄격하게 단속하고 있었다. 산기슭의 마을에는 여인이 후지산에 올라가면 산의 노여움이 재앙을 가져온다고 하는 미신이 만연해 있었다. 그러므로 그러한 종교상의 속박도 없고 관청의 권위도 미치지 않는 영국공사 부인에 의한 후지산 등정이야말로 여성 초등이라는 설이 가장 그럴듯한 것으로 믿어져 왔다.

그런데 파크스 부인보다 무려 35년이나 앞선 1832년에 후지산의 정상을 밟은 일본 여성이 있었다는 사실이 근래에 와서 밝혀졌다. 이 사실을 문헌으로 처음 확인한 사람은 민속학자 이와시나 고이치로岩科小一郎[14]이며, 그분과 함께 조사에 참가한 향토사 연구가 오카다 히로시岡田博 씨도 그 후에 그때의 산행을 등산 잡지『산과 계곡』 1985년 4월호에 「후지산에 처음 올라갔던 여자」에서 상세히 소개하고 있으므로 이제부터 이 두 사람의 연구를 바탕으로 여성의 후지산 초등과 그 의의를 명확하게 밝혀 보겠다.

후지산에 대한 신앙은 앞에서 서술한 대로 고대부터 전해진 것이지만 후지산 등정으로 몸을 정화시키고자 하는 산악종교 후지코富士講는 에도 중기부터 서민들 사이에 인기가 있어, 대 에도大 江戸(지금의 東京) 808번지에 808개의 후지코가 생겼다고 말할 정도로 번성하였다. 후

---

13   요시다吉田 입구에는 2부 능선에 검문소가 설치되었다.

14   1907 ~ 1998, 『후지코富士講의 역사』 메이초名著출판사. 1983년

지코의 일파인 후지도^{不二道}를 총괄한 교주 고타니 산시^{小谷三志, 1764~1841}[15]
는 76년 생애 중 161회나 후지산에 올랐다는 인물이다. 그 고타니 산
시가 여인금제에 묶인 후지산 정상에 여성을 세우려는 목적으로 젊은
여성과 함께 등산을 했다는 것이다.

고타니 산시에게 선발되어 후지산 등정에 성공한 여성은 당시 24
세였던 다카야마 다쓰^{高山 辰, 1813-1876}라는 사람이었다. 다카야마 다쓰는
에도 교외의 도시마군^{豊島郡} 가미오치아이^{上落合} 마을^村, 현 도쿄도^{東京都} 신
주쿠구^{新宿区} 가미오치아이^{上落合}의 부농^{富農} 다카야마^{高山} 집안의 딸이다.
(기리시탄다이묘^{キリシタン大名} 다카야마 우콘^{高山右近}[16]의 직계 자손이기도
하다.)

이 등산은 여인금제를 피하기 위해 시즌이 끝난 10월에 남장^{男裝}을
하고 결행되었다. 그 시절에 여인금제를 어기고 후지산에 올라간 여성
이 있었다는 사실도 놀랍지만 이 산행의 목적 역시 놀랍다. 등산이 근
대 스포츠로서 행해진 것은 물론 훨씬 후의 일이지만, 이 후지산 등반
이 스포츠나 취미로 행해진 것은 당연히 아니며 즉흥적이거나 일시적

---

15 에도시대 후기의 종교가, 사회교육가. 花水とても有りかたき それより出来し己じゃも
の 여기서 화수花水란 꽃물로 여성의 월경을 가리키는 말이다. 즉, "여성의 월경이 있었기에
우리들이 이 세상에 태어난 것이다"라며, 그는 여성의 더러움을 부정했다.

16 에도 시대의 다이묘다. 오사카 다카야마에서 태어난 그는 1564년12세에 세례를 받고 주스
토라는 세례명을 받았다. 히데요시를 주군으로 모시면서 기독교 후원 활동을 하였다. 이후
기독교 세력의 확산을 염려한 도쿠가와 막부는 다카야마 우콘의 영지를 몰수하는 등 기독교
탄압 정책을 추진한다. 여러 탄압 정책에도 불구하고 그가 신앙생활을 계속하자 도쿠가와 막
부는 다카야마 우콘과 가이오를 포함한 가가 번 내 기독교인 300여 명을 1614년 11월 8일
필리핀으로 추방한다. 12월 중순에 마닐라에 도착한 직후, 다카야마 우콘은 열병에 걸려 40
일 만에 사망하였다. 조선인 가이오는 다카야마 우콘이 죽자 다시 예수회 선교사들과 함께 나
가사키로 잠입해서 선교활동을 계속하다가 체포되어 화형 당했다. 다카야마 우콘을 비롯한
당시 선교사들에게 신앙은, 국가를 초월하는 위대한 힘이었다.

인 충동, 혹은 기행奇行으로서 시도되었던 것 역시 아니었다. 이 후지산 등반은 「여인금제」에 대한 저항을 넘어 적극적으로 「여성해방」을 위하여 결행되었던 것이다.

산시는 일하는 여성의 존엄성이나 남녀평등, 사민평등四民平等[17]을 신도들에게 가르치며, "여자여 자신을 가져라, 여자는 힘을 가지고 있다."라고 설교했다. 산시는 부슈 아다치 군 하토가야武洲 足立郡 鳩ケ谷, 현 사이타마현埼玉県 하토가야시鳩ケ谷市 출신으로 후지 신앙의 도道에서 고행수법苦行修法을 하고 있었는데, 에도에서 수행修行하는 승려로부터 사민평등, 남녀평등론 등의 가르침을 받았다. 이 가르침의 계승자가 된 산시는 전국 각지를 떠돌며 설교하고 사회봉사를 장려하며, 우수한 여성 제자들을 많이 키웠다.

그의 사상을 실현하기 위해서 여인금제라는 악법을 해제시킬 목적으로 후지산에 여성을 올라가게 하려는 계획을 세웠던 것이다. 그것도 비밀스럽게 하는 것이 아니라 공공연하게 하겠다고 생각했던 것이다. 산시는 후지산을 신앙의 대상으로 하고 있었기 때문에 여성을 후지산 정상에 세우는 일이 자신의 신념을 관철시키기 위해서도 대단히 중요한 일이었을 것이다. 산시가 주장한 남녀평등론은 당시로서는 매우 선구적인 것으로, 여성 등산 그 자체가 주목적이 아니라 여성들에게 적극적인 생활태도, 자신감과 힘을 가지라고 호소하기 위한 것이었다.

계획의 실행에 즈음하여, 산시는 1832년 4월에 가미요시다上吉田를

---

17   사농공상士農工商의 신분 평등

방문해서 당시 신직神職[18]에 몸을 바쳐 신앙 등산객을 위한 숙박 등의 시중을 들고 있던 오시御師라고 불리던 사람들과 마을사무소에 미리 양해를 구했다. 그런 다음 후지산 등산에 가장 험난한 코스인 오추도御中道 순례를 목숨 걸고 수행修行했다. 1832년 5월 5일에는 산정을 향해 예배를 올린 후, 제자들과 오추도로 들어가 정중하고 맑은 마음으로 신에게 입산 허가를 빌었다.

여기저기 사전 준비를 하고 신에게 입산 허가를 받은 산시는 후지산을 처음으로 오르는 데 걸맞은 여성으로 다카야마 다쓰를 선택하여 시즌 중에 일어날 수 있는 불협화음을 피하고자 초겨울에 등산을 결행했다.

때는 1832년 9월 25일. 그 당시 함께했던 일행은 다카야마 다쓰 외에 안내인 역할을 맡은 당시 66세의 고타니 산시, 제자 3명, 짐꾼 1명으로 도합 6명이었다. 후지산 요시다吉田 등산로 입구에서 출발해, 그날은 5부 능선에 있는 나카미야中宮에서 숙박하고 다음날인 26일에 등정을 마치게 된다. 그날은 현 양력陽曆으로는 10월 20일에 해당되어 등산로는 이미 겨울 산이어서 정상까지는 위험한 빙설등반이었다고 한다. 이날, 용의 해 용의 날에 태어난 다카야마 다쓰는 「남자 같은 모습으로 체크무늬 긴팔 남방을 겉에 걸치고, 앞머리를 가운데로 빗어 내린 남장男裝한 모습으로 산에 올랐다.」라고 고타니 산시는 그 당시의 등산 모습을 족자에 적었다. 그리고 그 족자를 다쓰에게 선물하여 눈과 얼음으로 고생하며 후지산 정상에 오른 것을 기념했다. 이 산시의

---

18   신사神社에서 행하는 각종 제사를 주관하는 제관祭官. 일종의 승려와 같은 성직자이다.

친필 족자는 신주쿠구新宿区 가미오치아이上落合에 있는 다카야마 집안에 아직도 보존되어 있다.

그러나 다카야마 다쓰의 등정 후에도 여성에게 등산의 문호가 곧장 열리지 않았고 여인금제 규정은 견고하게 남아 있었다. 그때부터 6년 후인 1838년에는 여성 5명을 포함한 일단의 등산객들이 2부 능선에 있는 검문소를 지나려다 잡혀서 큰 소동이 일어난 적이 있다고「후지산 연표」에 기록되어 있다. 이것은 다카야마 다쓰의 등정으로 신경이 곤두선 야무라谷村의 관청이 강압적으로 단속을 했기 때문이다.

그러나 막부 말기가 되면서 시대도 요동치고 있었다. 60년마다 돌아오는 경신년庚申年에는 등산객이 많아지는 것이 상례常例였다. 1860년 경신년에는 여성도 그때까지의 2부 능선에서 조금 더 완화되어 4~5부 능선까지 등산이 허락되었다. 이 때문에 전국 각지에서 많은 여성들이 참배하러 오게 되었다. 그런데 우연히도 그해에는 비가 많이 왔고, 현지 사람들은 그것이 여성의 등산 때문이라며 여성의 등산을 금지시켜 달라고 관청에 진정하는 진풍경도 벌어졌다.

그때 경신년을 맞이하여 여성이 정상까지 갔는지 어떠했는지에 대해서는 몇 가지의 해석이 있다. 오카다 히로시岡田博는 가나가키 로분仮名垣魯文[19]의 책에도 언급되었듯이 정상까지 올라갔던 것은 확실하다고 하며, 또 이와시나 고이치로岩科小一郎도 그해에는 여성도 정상까지 갔을

19　노자키 분조のざき ぶんぞう, 野崎文蔵, 1829~1894의 필명. 일본의 소설가, 언론인이다. 활동 연대는 에도시대 말기부터 메이지시대 초기이며, 주로 오락 소설인 게사쿠戲作로 분류되는 작품을 집 필하였다. 주요 작품으로는 명승지 순례에 관한 여러 작품을 풍자한《곳케이후지모데滑稽富士詣》와《아그라나베安愚樂鍋》등이 있다.

것이라고 추측하고 있다. 이와시나가 소장하고 있는 숙소로 이용된 집의 숙박부 자료에 의하면, 그해에 숙소를 이용한 등산객 380팀 2,202명 가운데 여성이 304명으로 되어 있다. 이와시나의 해석에 따르면 이들 여성들은 정상에 올라가 보고 싶어 했다고 한다. 또 오카다^{岡田}가 발굴한 별개의 숙소 자료에는 총 803명 가운데 여성이 353명이라는 숫자도 나온다. 여성 등산객이 늘어나게 된 것은 산시 제자들의 노력에 힘입은 바가 크다. 만일 이들 중 상당수가 정상까지 올라갔다고 추정하면 파크스 부인은 초등이 아니라 최소한 몇 백 번째로 밀려날 것이다. 파크스 부인이 몇 번째가 되는가는 별도로 치고, 에도시대의 여성들이「여인금제」규정이 시키는 대로 그저 순종하면서 그냥 있었던 것만은 아닌 것이 확실하다. 이것도 고타니 산시가 인도한 다카야마 다쓰의 초등이 있었기에 가능한 일이었다. 더욱이 다카야마 집안^{高山家}에는 오와리 가문^{尾張家}의 내실 하녀로 근무했던 '다쓰'라는 선조가 후지산에 등정했다는 구전^{口傳}이 있었으며, 이것이 이와시나^{岩科}와 오카다^{岡田}가 자료를 발굴하게 된 계기가 되었다고 한다.

이러한 맥락과는 완전히 별개로 1867년 10월에 영국의 파크스 부인이 등정했던 것이다. 후지산 등정 여성 제1호 파크스 설^說은 이 시기에 만들어져, 이후 약 백 년 동안 일본 등산사에서 다카야마 다쓰는 잊혀 버렸다. 다카야마 다쓰 자신이 남긴 기록이 없기 때문에 어떤 기분으로 등정했는지 알 수가 없어 유감스럽다. 그녀 자신이 남긴 기록이 없는 것도 그녀가 망각의 저편으로 밀려난 하나의 원인이었을 것이다.

한편, 닛타 지로^{新田次郎}[20]의 단편 소설 「여인금제」를 읽어 보신 분들이 많이 있으리라 생각되어 그 내용을 언급해 보면, 그의 소설은 1967년에 발표된 것으로 쇼군의 사저에 사는 처첩들 간의 대립 때문에 '오가네^{お加根}'라는 여자아이가 후지산에 오르지 않으면 안 되게 되어, 역시 남장으로 검문소의 눈을 속여 등정한다는 이야기이다. 이 이야기는 6대 장군 이에노부^{家宣}의 시대로 설정되어 있으므로 이것이 사실에 근거한 것이라면 여성의 후지산 최초 등반은 단번에 1710년경으로 거슬러 올라가게 된다. 산과 역사에 정통하며 실증^{実證}을 중시한 닛타의 작품이기에 무시할 수도 없지만, 그가 무슨 자료를 보고 여성의 초등을 이에노부의 시대로 설정했는지는 그가 죽고 없는 지금으로서는 알 수가 없다. 근거가 있는 문헌에 기초한다면 다카야마 다쓰가 등정한 1832년을 여성 초등으로 하는 것이 역시 합리적일 것이다.

1872년 3월 27일에 태정관 포고 제98호가 공포되어 일본 전국의 산은 여성에게도 해금^{解禁}되었다. 해금 이후 후지산에도 수많은 여성이 등반했을 것으로 추측되지만 여기서는 그 밖의 산과 여성 등산가에게 초점을 맞추어 보기로 한다.

---

20 1912 ~ 1980, 일본 중앙 기상대 근무, 제2차세계대전 중에는 만주 기상대에 파견 근무하였다. 1951년 『장사전』으로 산악소설가로 데뷔하였고, 우리나라에서는 소설 『아름다운 동행』도서출판 일빛, 1999년, 『고고한 사람』대원씨아이, 2013년으로 알려졌다.

다테야마^{立山}를 초등한 여성

다테야마[21]에는 사찰의 최초 건립에 관한 몇 가지 설說이 있다. 전설傳說로는 701년, 『대일본사료大日本史料』에 수록되어 있는 문헌 등에 의하면 헤이안平安 중기의 9세기 말부터 10세기 초가 된다. 야마카타山形의 데와산잔出羽三山이나 나라奈良의 긴푸산金峰山, 오미네산大峰山 다음으로 사찰의 건립이 빠른 편이다.

어찌 되었든 다테야마 신앙에는 천 년이 넘는 역사가 있다. 현재 다테야마는 1971년 다테야마立山 구로베黒部 산간도로가 전부 개통되어 등산객뿐만 아니라 수많은 관광객도 방문할 수 있게 되었다. 일본의 많은 산들 중에서도 가장 많이 변했다고 할 수 있을 정도로 다테야마는 격변하였다.

다테야마는 현지의 도야마현富山縣 아시쿠라芦峅 마을 추구지中仲寺의 승려 32명 이상이 전국의 각 지방을 돌면서 계원을 모집하는 방식으로 다테야마 신앙을 보급함에 따라 옛날부터 많은 사람들이 올라갔던 산이다. 그러나 많은 영산靈山들과 같이 다테야마도 물론 「여인금제」가 있

---

21   도야마현富山縣 소재.

었다. 다테야마 신앙에 전해 내려오는 이야기에는 여성을 꺼리는 분위기가 특히 강해서, 이야기 중에 등장하는 죽은 사람은 전부 여성이며 여자가 산에 오르려고 하면 돌이나 나무가 되어 버린다. 다테야마 주변에 남아 있는 우바이시姥石, 비조스기美女杉, 가가미이시鏡石 등의 지명은 그런 전설에서 유래한다. 또 다테야마에는 후지산이나 키소미다케木曽御岳처럼 산중턱까지 올라갈 수 있는 뇨닌도女人堂, 즉 여성만을 위한 법당도 없었으며, 나이 든 여성을 위한 법당인 우바도姥堂라고 불리는 것이 산 입구에 있는 마을의 갈대 숲 바로 옆에 있었다. 그리고 다테야마에 오를 수 있는 길은 극히 한정되어 있었고, 위에서 말한 것들로 미루어 보아 그 금제는 상당히 철저했던 것으로 생각된다.

앞에서도 언급하였듯이 1872년 태정관 포고에 의해 여성들도 자유롭게 산에 오를 수 있게 되었지만, 여성들이 곧바로 산에 오르기 시작했는지 아닌지는 그 당시의 기록을 찾을 수가 없어 지금으로서는 알 수가 없다. 다테야마에서의 여성 등반을 문헌으로 확인할 수 있는 것은 1907년에 발행된 일본산악회의 회보『산악』2-3호에 오히라 아키라大平晟가 쓴「가가하쿠산加賀白山의 오모테야마表山 등정」기사이다. 오히라가 하쿠산白山에 갔을 때 소녀 한 명이 부친과 함께 산에 오르고 있었다. 때마침 갑자기 날씨가 나빠졌는데 대피소에 도착하니 날씨가 갑자기 나빠진 것은 그 소녀가 산에 올라왔기 때문이라고 등산객들이 말하기 시작했다. 마침 그 자리에 있었던 오히라는「다테야마에서는 내 딸도 산 정상을 자유롭게 돌아다닐 수 있다고 다테야마 신관神官이 말했을 정도인데……」라고 하면서 다테야마와 비교해서 하쿠산이 시대에 뒤처짐을 거론擧論하고 있다. 이것은 1년 전에 등산했던 다테야마와 하쿠산의 일을 기록한 것이므로 1906년 다테야마에서는 신관도 여성 등산을 공인하고 있었다는 것을 확인할 수 있다.

그리고 당시의 모습을 더욱 상세하게 알 수 있는 자료를 찾을 수 있었다. 그것은 1909년 여름의 『도야마일보富山日報』[22]에 34회에 걸쳐 연재된 다테야마 등산 르포 「하늘의 저편으로부터」이다. 이 기사를 쓴 사람은 젊은 저널리스트 오이 레이코大井冷光였다. 그는 『도야마일보』의 기자로, 한 달 정도 신사의 요사채에 묵으면서 다테야마의 등산 사정에 관한 기사를 보내왔다. 그는 2년 전인 1907년 『다카오카신문高岡新聞』에 있을 때 그 신문사가 개최한 다테야마 등산에 취재차 참가했었다. 그것이 그에게 있어서는 처음으로 다테야마를 등반한 것이었다. 그는 그 다음 해인 1908년 6월에 다테야마 종합안내서라고 할 수 있는 『다테야마 안내』晴明堂를 출판했다. 『다테야마 안내』에서 그는 1907년에 다테야마 정상에서 13살의 소녀를 만났다고 기술하고 있다.

한편, 1909년 7월 23일 자 『도야마일보』는 1면에 대문짝만한 사고社告를 실었다. "7월 25일 다테야마 등산이 가능한 첫날야마비라키山開き 요사채에 숙소를 마련하여 사원社員 오이 레이코大井冷光를 파견해서 안내와 산 정상과의 통신을 맡긴다. 행사를 위해 축음기 등을 준비하고 기념 사진엽서 등을 나누어주며 고노코시ㅋ/越에 휴게소를 설치한다. 8월 5일 요사채에서 학술대회를 열고, 8월 10일에는 같은 장소에서 몇 명의 화가가 참가하여 다테야마 풍경화 대회를 연다."라는 내용이었

---

22   현 『기타닛폰신문北日本新聞』

다. 요사채는 해발 2,450미터, 지금이야 산간도로의 개통으로 한 발자국도 걷지 않고 여러 가지의 교통수단을 이용하여 갈 수 있지만, 아시쿠라에서 도보로 약 12시간 넘게 걸리는 여정이다.

오이 레이코는 연재 기사 「하늘의 저편으로부터天の一方より」 중에서 특히 여성에게 관심을 가져 「소녀가 붉은 게다시蹴出し를 하얀 눈 위에 흩날리면서 산에 올랐다」, 「교육가인 구로다黑田 군이 꽃 같은 딸을 데리고 올라갔다」 등의 다테야마를 오르는 여성의 모습을 연재하고 있다. 여성과 관련되는 몇몇 기사를 발췌해 본다.

[7월 25일]

축음기를 틀어 달라고 가이드들이 기자를 에워싸는데 이런 안개 자욱한 곳에서 틀어봤자 축음기가 자동으로 소리가 나는 물건인가? 아, 정말 안개가 자욱하다.

아침부터 바람이 거세고 연무가 자욱이 요사채를 감싸서 지척을 분간할 수 없다. 신관神官은 "이 상태로는 도저히 정상에 올라갈 수 없겠구나."라고 하며 걱정하는데, 원기 왕성한 제물 담당 신사 직원[23]은 "바치는 제물을 바람에 날려 버리는 신이라면 신사神社에 모실 자격이 없지. 갈 수 있는 데까지 가 봅시다."라며 프록코트frock coat[24] 위에 모포를 달마 대사처럼 걸치고 오전 8시에 출발했다. 어젯밤 여기에 묵은 사람들은 물론, 오늘 아침에 온천에서 올라온 30여 명여자 3명도 일행의 뒤를 따라

---

23   다테야마에서는 현県의 직원이 담당한다.

24   1730년경 이후의 인포멀한 코트. 프록코트가 영국에서부터 유행되어 프랑스에서는 18세기 후기에 널리 입혀졌다. 18세기 말~19세기 말까지 일반 남성이 착용한 긴 웃옷과 줄무늬가 있는 바지의 한 벌. 잉글리시 코트·프린스 앨버트라고도 한다. 그 후에도 일부에서 정장으로 사용했으나 보통은 야외에서 입는 옷이다. 그러므로 구두, 바지, 실크 해트, 넥타이, 조끼를 착용하고 그 위에 프록코트를 입으며 지팡이 등을 소지한다.

출발했는데, 이 통신문을 쓰고 있는 지금 하늘에서 가구라[神樂25]가 들려온다. 벌써 산에 다 오른 것 같다.

[7월 30일]
여성의 등산을 방해하는 멍청이들.
어젯밤의 숙박자는 47명이고 오늘의 등산객은 114명, 즉 67명이 온천에서 올라왔다는 것이다. 어제 국토순례 중이던 아내가 왔다. 오늘 산에 오를 수 있도록 부탁했는데 아직도 여자가 산에 오르면 산에 나쁜 일이 생긴다고 하는 미신에 신경을 쓰는 사람들이 많아서 결국 산에 오르지 못하고 내려왔다는 이야기를 나중에 들었다. 실로 유감스러운 일이다. 앞으로 이런 무례한 놈들은 절대 용서하지 않을 생각이다.
(8월 2일자 『도야마일보』에는 「하늘의 저편으로부터」의 무대인 다테야마 요사채에서 열리는 음악회와 학술대회에 참가하기 위해서 여류 음악가인 이마무라 아사코[今村あさ子], 일본 적십자사 소속 간호사인 아사노 야에코[淺野八重子]가 등반한다는 기사도 있다.)

[8월 4일]
어제의 등산객은 216명, 숙박자는 170명. 18–19세와 30대 초반인 부인이 오후 1시 무렵 기세등등하게 올라왔기에 집안을 물어보니, 젊은 사람은 아시쿠라지[芦岫寺]의 여선생이고 중년 여성은 이 마을 신사의 신도 대표 모씨의 며느리라고 하며……

[8월 5일]
오늘밤의 숙박자 200명 중에 아주머니 3명.

---

25   제사 지낼 때 연주하는 음악.

[8월 6일]

다테야마와 미신

'여인이 등산하면 산의 날씨가 나빠진다.' 등등의 말을 하는 놈은 신관이나 가이드가 아니라 오히려 엣추越中 지역의 등산객 중에 있는 것으로 확인되었다. 그 근거는 160여 호 되는 아시쿠라 마을의 모든 여자는 12-13살이 넘고 신체 이상이 없는 한, 반드시 조상의 영혼을 사후의 고통 세계에서 구제하는 백중일百中日(= 우란반盂蘭盆) 불사를 다테야마 신사에서 하는 것이 새로운 관례가 되어 있었기 때문이다. 이날의 등산객 218-219명.

[표] 1909년메이지 42년의 여름에 다테야마 등산을 했던 여성의 수

단위: 인, 괄호 안은 남성을 포함한 총 인원

* 오이 레이코大井冷光
  「하늘의 저편으로부터」에서 작성

일시	등산자 수	무로도(室堂) 숙박자 수
7월 24일		0 (13)
25일	3 (50)	2 (43)
26일	2 (56)	0 (16)
27일	0 (16)	9 (47)
28일	0 (78)	0 (99)
29일	0 (150)	0 (127)
30일	0 (125)	0 (47)
31일	0 (114)	0 (71)
8월 1일	0 (144)	0 (71)
2일	0 (197)	0 (134)
3일	2 (216)	2 (170)
4일	2 (285)	0 (265)
5일	0 (256)	0 (200)
6일	3 (218)	1 (93)
7일	5 (120)	1 (84)
8일	1 (128)	2 (104)
9일	2 (140 이상)	0 (100 이상)
10일	1 (252)	0 (105)
11일	0 (135)	0 (179)
12일	0 (239)	0 (163)
13일	0 (170)	0 (69)
14일	0 (88)	0 (19)
15일	0 (32)	0 (12)
16일	0 (32)	0 (20)
17일	0 (28)	0 (50)
18일	0 (77)	0 (49)
19일	0 (80)	22 (-)
20일	24 (50)	0 (60)
21일	0 (68)	0 (2)
22일	0 (45)	0 (-)
계	45 (3,589 이상)	35 (2,412 이상)

[8월 7일]

오늘 아침 온천에서 올라온 20명 중 17-18세와 13-14세의 피부가 흰 소녀들이 있는데, 그들은 아주머니를 따라서 올라왔다. 그 후에도 15-16세 가량의 한 소녀가 오전 8시쯤 빨리 하산하면서 "생각보다는 힘들지 않네."라고 말했다.

[8월 9일]

어제 오후 8시경부터 대 음악회가 시작되었다. 어제 이 행사를 위해 신문사의 일행이 도착해 있었다. 우라야마浦山 군과 이마무라今村 여사의 합주는 민테키明笛[26]와 게킨月琴[27], 게킨月琴과 데이킨提琴[28], 게킨月琴과 호비킨鳳尾琴[29]으로 청중들은 여기에 몰입되어 물을 끼얹은 듯 조용한 모습이다. 그 중에서도 우라야마 군이 당唐나라 노래를 시작하자 관중석에서 얼굴을 삐죽 내미는 사람이 많아졌다. 10시쯤에는 물을 끼얹은 듯 분위기가 너무 가라앉아 있어서 조마조마했었는데, 마침내 곡이 끝나자 남쪽 끝에서부터 북쪽 구석까지 요사채를 부술 듯한 박수갈채가 나왔다.

이외에도 많은 여성의 모습이 기술되어 있다. 오이 레이코의 취재기사는 여성들이 등산하는 모습을 묘사하는 것을 중요시하여, 여성 등산객의 모습을 하나하나 자세히 기록해 놓았다. 오이 레이코의 취재기에 기록되어 있는 등산객 수를 표로 정리해 두었다. 오이의 기사에는 이외에도 외국인의 등산 활동이나 외국인 등산객의 모습도 자세히 기록되어 있다. 이는 일본 최초의 산악기사 연재로서 매우 흥미진진한 자료이다. 이 기사만 보고 여성 등산객이 결코 많았다고는 할 수 없지만 여성도 극히 자연스럽게 산에 올랐다는 사실을 알 수 있다.

이처럼 메이지시대에는 등산 풍경이 일면 태평스럽고 자연스럽게 느껴지지만, 1919년 7월 도야마사범대학과 도야마고등여학교 학생

---

26   중국 명나라 시기의 관악기

27   기타와 비슷한 악기로 2개의 현을 가지고 있다. 중국에서 유래되었다.

28   小提琴Violin, 中提琴Viola, 大提琴Cello, 低音提琴DoubleBass라 불리는 서양 악기.

29   6줄의 거문고

39명이 다테야마에 등산했을 때는 여학생이 등산을 한다고 『도야마일보』가 대대적으로 다루어 산의 날씨가 악화되기라도 하면 「산신령의 노어움을 받은 여학생」이라고 크게 보도했다.

시대에 역행하는 것 같지만 신앙 때문이 아니라 여학생이 집단으로 등산했기 때문에 크게 다루어졌고, 여성이 등산하면 산이 험악해진다는 미신은 그 이후 쇼와昭和시대에 들어와서도 꾸준히 이어져 전쟁 전후까지 여러 지역에 남아 있었다.

다테야마의 여성 초등에 관해서는 결국 확인할 수가 없었다. 문헌상 기록으로는 전에 언급했던 『산악』 2-3호 오이 레이코의 기사 『다테야마 안내』에서 다루고 있는 13세 소녀의 등정이 다테야마 여성 초등이다. 기록에 고유명사가 등장한 것은 1909년에 다테야마 산정 신악神樂 연주자 이마무라 아사코「하늘의 저편으로부터」에 등장하는 인물, 1910년 고베京都 이바라키茨木의 부인 3명이 한 등산다테야마 구로베 지구 학술 조사 보고 등이다. 초등은 당연히 그보다 훨씬 이전의 일일 것이다.

그런데, 이 등산사의 집필도 끝나갈 무렵인 1992년 6월에 자료 하나가 입수되었다. 그것은 현재 일본산악회 부회장인, 도야마현에 살고 있는 후지히라 마사오藤平正夫가 제공한 것으로, 1891년에 다테야마를 등산한 외국인 여성이 있었다는 것이다. 그 자료는 데리케 연구회에서 발간한 『데리케 연구』 제7호1992년 2월 발행이다.

『데리케 연구』가 그 대상으로 하고 있는 요하니스 데리케[30]라는 사람은 네덜란드의 토목기사로 1873년 일본에 온 소위 외국인 기술자이

---

30   Johannis de Rijke, 1842 ~ 1913. 일본에서 치수治水의 은인恩人으로 불린다.

다. 그는 오사카 토목국의 토목기사이며 주로 치수治水를 전문으로 30년 가까이 일본에 있었는데, 1877년 오사카大坂에서 태어난 딸이 이 다테야마 등산에 동행한 것으로 기록되어 있다. 13세의 이 딸 야곱 요하니스 데리케는 일본어가 유창해서 아버지가 도야마현으로 출장을 갔을 때 데리고 갔으며, 조간지常願寺 강 등의 조사를 위해 다테야마에 올라갔을 때 이 딸 야곱을 동반하였다.

데리케 일행은 내무성과 현県의 직원을 비롯해 사진사, 가이드, 인부, 요리사까지 총 25-26명으로 구성되어 있었으며, 다테야마 온천에는 침대와 빵 굽는 도구까지 들고 갔다. 데리케 일행은 산기슭에서는 가마와 같은 운반구에 탔고, 산 위에서는 인부들의 도움을 받아 자일에 몸을 의지하면서 산을 올랐다. 이에 대해서는 데리케가 일기 식으로 적어서 네덜란드에 있는 아내와 2명의 자식들 앞으로 보냈던 것이 오늘날까지 보존되어 있다. 이를 통하여 동행한 사람들의 이야기와 숙박했던 요사채의 모습을 잘 알 수 있다. 요사채는 그때에도 자욱한 안개 속의 오두막집이었던 것 같다. 그날 요사채에서 함께 숙박했던 사람은 신앙이 목적인 등산객 20명과 병사 1명뿐으로, 앞에 기술한 오이레이코 시절1907년 전후만큼은 아직 다테야마 등산이 일반화되지 않았던 것 같다. 야곱은 다비足袋31와 짚신 복장이었으므로 아버지보다 걸음걸이가 능숙했다. 1891년 8월 16일 새벽 3시 45분 요사채를 출발하여 6시 15분 전에 정상에 도착했다. 여기서 2시간 정도 휴식하는 동안 야곱은 모포 2장으로 몸을 감싸고 1시간 정도 충분한 수면을 취했다고

---

31   엄지발가락과 둘째 발가락 사이가 벌어진 흰색 양말

한다. 데리케 일행은 그날 밤 11시 경에 아시쿠라 절에 도착했다.

이 기록은 외국인 여성의 등산이긴 하지만 여성 산행 금지를 해제하는 태정관 포고부터 오이 레이코의 르포까지 35년의 공백을 조금이나마 메울 수가 있었다. 현존하는 자료에 근거하는 한 다테야마에 초등한 여성은 야곱 요하니스 데리케였다.

하쿠산^{白山}을 초등한 여성

하쿠산은 표고가 2,707m이다. 옛추^{越中} 도야마현의 다테야마가 남신^{男神, おがみ}인데 반해, 가가^{加賀} 이시카와^{石川}현의 하쿠산은 여신^{女神, めがみ}으로 옛날부터 신의 산으로서 대비되어 왔다. 하쿠산은 예로부터 신앙 등산지로 알려진 후지산, 다테야마와 함께 일본 3대 영산^{靈山}의 하나로 손꼽혀 온 명산이다.

하쿠산의 여성 초등은 1872년 태정관^{太政官} 포고가 있었던 그 해의 7월에 이루어졌다. 이렇게 단정할 수 있는 것은 확실하게 문서가 남아 있기 때문이다.

시라야마 히메 신사^{白山比咩神社}에 남아 있는 문서 「하쿠산 기록 10종」 중에 「여인의 하쿠산 등정기^{女人登白山記}」라는 글이 있는데, 이것은 이 신사의 책임자 가리야 다케토모^{狩谷竹鞆}가 1872년 10월에 적은 것이다. 거기에는 대략 다음과 같은 기록이 있다.

하쿠산은 예로부터 승려들이 근거 없는 헛소리를 퍼뜨려 여자가 산에 올라가면 절대 안 된다고 경계해 왔다. 그 말은 세상 물정 모르는, 산에 사는 사람들의 마음속 깊이 새겨져 있어 무리하게 산에 오르려는 여인이 있다고 해도 그런 일을 하면 큰 사고가 생긴다며 무턱대고 말렸고, 대부분의 여성은 등산을 포기했다. 여성이 산에 들어가서 수행하는 것은 도저히 불가능했다.

우선 하쿠산의 여인금제 상황을 이렇게 설명한 후에 다음과 같은 보고가 있었다고 명확하게 기록하고 있다.

그런데 금년^{1872년} 6월^{양력 7월}에 이나바노쿠니^{因幡国} 돗토리현^{鳥取県}에 있는 여성이 처음으로 하쿠산과 벳산^{別山}에 쉽게 올랐다가 무사히 하산했다.

이 글을 적은 구지^{宮司32} 가리야 다케토모^{狩谷竹鞆}는 여성의 등산을 적극적으로 평가해 "올해 여름부터 여성이 산에 올라가 수행하기 시작한 것은 뭐니 뭐니 해도 경사스럽고 고귀한 일이다."라며 "정말로 메이지유신으로 서구문물을 받아들인 보람이 있다."라고 최고조로 기쁨을 표현하고 있다. 또한 '산기슭에 사는 마을 사람들'을 '완고하고 무식하며 어떤 일도 있는 그대로 받아들이지 않으려는, 속이 꼬이고 비뚤어진 인간들'이라고 매우 언짢게 보고 있었는데, 그런 그들이 "여성의 등산을 그렇게 강하게 막으려고 하지 않고, 이정표 등을 세워 사람들을 산에 올라가게 해 준다."라는 말을 듣고 "대단히 의외의 일이며 놀랄 정도로 축하할 일이다."라고 솔직한 기분을 적어 두고 있다.

이 문서는 다음의 것을 명확히 하고 있다.

(1) 하쿠산에서의 여성 등산은 옛날부터 엄격하게 금지되어 있었다.

(2) 하쿠산의 여성 초등 시기는 1872년 7월이다.

---

32   신사^{神社}의 제사를 맡은 신관^{神官} 중 최고 책임자

(3) 초등한 그 사람은 돗토리현의 여성이다.

(4) 그녀의 등산 목적은 신앙을 위한 수행修行이었다.

(5) 그 후에는 이정표가 필요할 정도로 많은 사람들이 올랐고, 여성의 등산도 심한 반대는 받지 않았다.

(6) 신사神社의 구지宮司는 양손을 들고 환영했다.

이 문서에 관해서는 가나자와金沢시에 살고 있는 마쓰다 료지松田亮治 씨이오젠(医王) 산악회 회원, 일본 산서회 회원가 상세히 조사하고 있다. 위의 해석 등은 그의 조사에 의한 바가 크다. 한편 하쿠산을 처음으로 등반한 돗토리현의 여성 이름은 돗토리현의 산악 관계자에게도 조사를 부탁했지만 유감스럽게도 끝내 알아내지 못했다.

또한 「다테야마」 항목에서 "하쿠산은 시대에 뒤처졌다."라고 말한 일화를 소개했었는데, 이 문서에 의하면 시라야마 히메白山比咩 신사神社의 책임자가 여성의 등산에 대 찬성이며 마을 사람들의 생각도 변화하기 시작했다는 기술이 있어, 하쿠산이 다테야마에 비해 '시대에 뒤처졌다'고 잘라 말할 수 있는지는 의문이 남는다. 여인금제 해제의 큰 흐름은 메이지 초에 시작되었지만, 그것이 완전히 극복되기까지는 어떤 산이든 긴 세월이 필요하다는 것이리라. 일본의 산 중에서 어느 산이 빨리 개방되고 어느 산이 늦게 개방되었는지는 간단히 말할 수 없으며, 이는 앞으로 이루어질 연구에 맡길 수밖에 없을 것이다.

이와키산을 초등한 여성

岩木山

일반인들의 소박한 감정으로는 후지산과 같이 아름다운 산은 신령이 하늘에서 내려온 산으로 먼저 숭배된 이후, 슈겐자修験者들이 올라가기 시작했다고 하는 것은 쉽게 이해된다. 마찬가지로 전국 각지에 산세가 수려하고 주위보다 우뚝 솟아오른 뾰족한 봉우리마다 신령이 하늘에서 내려온 것으로 여겨지는 산들이 있어, 그런 산들도 신앙의 대상이 되었다.

이와키산도 그런 수려한 산 중에 하나이다. 이와키산은 아오모리현의 쓰가루津軽 지방에 위치하며, 표고는 1,625m로 조금 낮은 편이지만 옛날부터 신앙의 대상이 되어 왔다. 영주領主가 정치하던 시대에는 정상에 신당을 세운 다음, 먼저 영주가 올라가서 참배하고 그 후에 무사들과 마을 사람들이 참배하는 것이 관례였다.

여기서 이와키산을 다루는 이유는『산과계곡』잡지의 필자로 호평을 받았던 히로사키弘前시市의 오야마 스미오小山純夫 씨로부터 귀중한 자료를 제공받을 수 있었기 때문이다.

그것은 『이와키산』[33]과 아오모리현의 『현정県政 소식』 1984년 8월 호 중의 「아오모리현 — 무엇이든 가장 먼저 — 영봉靈峯 이와키에 도전한 여성 등산 제1호」 기사이다. 이들 자료를 참고로 이와키산에서 이루어진 초기 여성 등산의 모습을 재현해 보려고 한다.

이와키산은 옛날부터 신앙의 대상인 산으로, 정상에 신당神堂이 건립된 것이 780년 되었다고 하니 그때부터 험준한 산길을 등산하는 참배객들이 있었을 것이다.

이 이와키산도 옛날에는 당연히 여인금제였겠지만, 그중에는 규칙을 깨고 등산하려는 남자 못지않은 여자도 있었다. 1810년 8월 4일자 쓰가루 한津軽藩의 「영주 일기藩日記」에는 시모마이리下參り[34]라고 하는 용어가 나오는데, 시모마이리를 마치고 가끔 정상까지 오르는 여성이 있으므로 앞으로 주의하라는 취지의 글이 기록되어 있다. 이처럼 '시모마이리' 하러 온 김에 정상까지 올라갔던 여성도 있었지만, 그 때문에 다치거나 풍기가 문란해졌다는 이유로 금찰禁札[35]을 세웠다는 기록도 있다. 따라서 이와키산의 여성 초등은 여성금제의 시대에 벌써 이루어졌다고 볼 수 있겠지만, 유감스럽게도 그 시기, 이름 등은 도저히 알 길이 없다.

그런데 아와키산에 여인금제가 풀린 것은 위에서도 몇 번 언급했듯이 1872년 3월의 태정관 포고에 의거한 현령県令이 발표된 7월 24일

---

33   시나가와 야치에品川弥千江, 東奥日報社, 1968년

34   산 중턱에 나이 많은 여성을 위해 만들어진 법당 우바도姥堂까지 여성도 등산할 수 있었는데, 거기에서 참배하는 것을 시모마이리下參り라고 함.

35   금지하는 사항을 적은 푯말

이었다. 그러나 해금 직후에는 금제시대의 영향이 여전히 남아 있었고, 미신에 따른 두려움 때문에 적극적으로 산에 오르려는 여성은 별로 없었다.

그러다가 금제가 풀린 다음 해인 1873년 7월 15일^{음력}, 시인이자 화가인 당시 60세의 가네히라 기료^{兼平亀綾}라는 여성이 단신으로 이와키산을 등정해서 사람들을 놀라게 했다는 것이다.

기료는 히로사키시 와토쿠^{和徳丁} 마을의 상인 고마쓰^{小松} 집안의 딸로서, 본명은 기쿠라고 하며 두 번 남편과 사별한 후에 히로사키에 돌아와 가네히라 기요^{兼平清}와 결혼했고, 젊은 시절에 일본화를 배웠는데 특히 거북이 그림을 잘 그려서 아호^{雅號}를 기료^{亀綾, 거북에 능함}라고 했다. 『메이지시대 히로사키^{弘前} 인명록』에 의하면 기료는 그 후에 1876년 7월 24일^{63세}과 1877년 7월 25일^{64세}을 포함해서 세 차례나 이와키산을 등정했는데, 기료가 처음 등정했을 때 전 국민이 굉장히 놀라서 그녀의 용기에 혀를 내두르며 감탄했다고 한다.

이 등반은 아오모리현의 홍보지 『현정 소식』에서 이와키산의 여성 초등으로 인정받고 있으므로 여기서도 그것을 인용하기로 한다.

이와키산에 여성이 단체로 처음 등반한 것은 1886년에 설립된 미션스쿨 히로사키 여학교[36]이다. 1909년 8월에 계획한 이 등산의 취지는 '근거 없는 미신을 타파하고, 교육적 목적을 가지고 어렵게 이 등산을 계획함'이며, 그 진취적 정신과 하고자 하는 마음가짐을 엿볼 수 있다.

---

36   현 히로사키학원 세이아이^{聖愛}중·고등학교

이 시기 등산의 목적이며 복장, 휴대품 등이『아오모리현 60년사』東奥日報, 1909년 8월 9일자에 나와 있다. 기록으로 재미있다고 생각되어 적어 보면,

목적 - 지세地勢, 지문地文, 동식물, 광물, 기상, 삼림, 수원水源 등의 관찰 연구

자격 - 신체 건강하고 등산을 할 수 있는 학생, 학생의 어머니, 언니 및 교회 신자

복장 - 긴 팔 셔츠에 스패츠spats를 착용하고 두꺼운 짚신을 신을 것

휴대품 - 찬송가소형, 현내県内 지도, 수첩, 작은 칼, 연필, 창호지, 빗, 이 쑤시개, 물통, 망원경, 나침반, 수건, 보자기, 짚신 두 켤레, 방한용 셔츠, 응급 의약품, 햇빛 차단용 모자

식량 - 삶은 계란, 구운 오징어, 소고기 통조림, 우메보시매실 등

당시, 영산靈山인 이와키산에 소고기며 삶은 계란을 지참한다는 얘기를 듣고, 시민들은 "역시 예수학교이다. 기절초풍할 노릇이구만."이라고 수군거렸다고 한다. 1909년 8월 16일, 인솔자 야마가 모토지로山鹿元次郎와 짐꾼인 히로타 토요키치広田豊吉, 61세, 학생 10명을 포함한 총 19명의 일행은, 등산을 하는 동안 날씨도 좋았고 특별히 괴이한 일도 일어나지 않았으며 천벌도 받지 않았고, 순조롭게 목적을 달성하였다.

제2장

근대 등산의 여명

20세기를 맞이하는 1900년대 초반, 영산靈山이라 불리던 산들이 여인 금제 구역女人結界에서 해제된 지 30년이 되고, 일본 여성 등산에도 서광이 찾아오고 있었다. 후지산, 다테야마는 물론 그 외의 산에서도 많은 사람들이 등산을 할 수 있게 되었다. 거기에는 교통의 발달도 크게 공헌하였다. 후지산 등산의 경우, 에도시대의 후지코교富士講教 신자들은 말할 것도 없고, 메이지시대의 전반까지만 해도 철도가 아직 충분히 발달하지 못한 까닭에 도쿄에서 후지산에 오르기 위해서는 산기슭까지 며칠씩이나 걸어가지 않으면 안 되었다. 철도가 처음으로 개통된 것이 1872년, 동해도선·고즈国府津 역 — 고텐바御殿場 역 간에 개통된 것이 1889년이었다. 한편, 후지코 신자들의 등산은 입구가 요시다吉田 등산로로 정해져 있었기 때문에 현 중앙선 방면으로 후지산을 갈 수밖에 없었는데, 그 중앙선이 하치오지八王子까지 개통된 것이 같은 해인 1889년, 야마나시현山梨県의 오쓰키大月까지 연장된 것이 1902년, 고후甲府까지는 그다음 해였다. 이러한 철도망의 발달이 사람들에게 등산을 급속히 친숙하게 해 주었다.

그 당시 등산의 분위기를 전해 주는 것으로 일본 여성 해방 운동의 선구자 히라쓰카 라이테우平塚らいてう[37]의 일화를 소개한다.

1901년경, 그 당시 아직 여학생이었던 히라쓰카 라이테우는 후지산의 매력에 빠져 있었다. 빠져 있었다고 하지만 실제로 등산을 한 것은 아니고, 그때 여성 후지산 등반가가 하나둘 나타나기 시작함에 따라, 신문에서 그것을 칭찬하며 크게 보도한 것에 영향을 받아 여름방학이 되면 어떻게 해서든지 혼자서 등반하겠다고 결심하였다. 후지산에 관한 것이라면 두세 줄의 신문 기사라도 스크랩했다고 하니 얼마나 빠져 있었는지 그 모습을 엿볼 수가 있다. 등산 안내서 등을 찾아보면서 후지산 등산을 준비했지만, 라이테우의 아버지는 "바보 같이! 그런 곳은 여자나 아이들이 갈 곳이 아니야."라며 한마디로 거절해 버려서, 라이테우는 그해의 여름방학을 몹시 괴로워하며 보냈다고 한다.[38] 메이지시대의 여성에게 후지산의 정상은 아직도 머나먼 존재였다.

---

37 1886 ~ 1971, 본명은 히라츠카 하루平塚 明, 일본의 신여성이자 저널리스트, 페미니스트 작가, 사회 운동가이다.

38 자서전『태초에 여성은 태양이었다元始, 女性は太陽であった』에서.

野中千代子

노나카 치요코

동절기 후지산 정상에서 72일

신앙등산과 취미·스포츠등산의 의미는 약간 다르겠지만, 그 당시의 여성 등산의 눈부신 기록으로 동절기 후지산에서 72일 동안 체류한 노나카 치요코의 업적을 간과할 수는 없다.

노나카 치요코의 남편이자 기상학자인 노나카 이타루野中至는 예전부터 후지산 정상에 기상관측소를 세우는 것을 제안해 왔다. 1895년, 그 계획을 실행에 옮기려고 우선 1월과 2월에 눈보라를 무릅쓰고 단독 등반을 두 번 시도하여[39] 적설 상황 등을 조사하였다. 같은 해 8월 초에 자재를 옮기기 시작해 날씨나 인부 수배 등의 여러 가지 어려운 문제들을 겪었으나, 9월 26일 관측에 필요한 오두막집을 겨우 완성하였다. 10월 1일부터 도쿄기상대의 촉탁 자격으로 정상에 혼자 머무르면서 다음 해 5월까지 머무를 예정으로 기상 관측을 시작했다. 고지대에서의 동절기 기상 관측은 당시에도 유사한 예를 찾아볼 수 없는 시도였다.

10월 12일, 남편의 건강을 걱정하던 치요코는 어린 자식을 친정

---

[39] 첫 번째는 중도 포기, 두 번째 등반은 동계 후지산 초등을 기록했다.

어머니에게 맡기고 강인한 의지로 후지산 등반을 감행했다. 치요코는
남편이 하루에 12번씩, 2시간마다 관측에 전념할 수 있도록 식사며 신
변의 잡다한 일들을 거들었다. 때로는 남편 대신에 관측 데이터를 기
록하기도 하였다.

그때의 하루 일과를 치요코는 『연꽃일기芙蓉日記』에서 단가短歌를 섞
어가며 담담하게 기록하고 있지만, 동절기 후지산에서의 생활과 그 고
생은 이루 말할 수 없었다. 오두막집이라고는 하지만 화장실조차도 없
는 그야말로 조잡한 수준이었다. 먹거리를 비롯하여 모든 것이 얼어붙
어 버려서 물을 만들기 위해 얼음을 가지러 밖에 나가려고 해도 문이
얼어붙어 열리지 않아 창문으로 출입하기도 했으며, 그것도 불가능하

면 문턱의 얼음을 깨서 나왔다고 기술하고 있다.

밖으로 나오면 강풍이 휘몰아쳐 기모노를 입은 치요코는 옷깃이 머리까지 펄럭이는 모습이었다. 10월 말에 치요코는 평소부터 약했던 편도선이 부어 물도 삼키지 못하며 몹시 괴로워하였다. 1주일 동안 침상에 누워 있어도 회복할 기미를 보이지 않는 치요코를 보고 있던 이타루는 송곳으로 치요코의 편도선을 찔러 고름을 빼냈다.

남편 이타루가 나중에 적은 『후지안내富士案內』에 의하면 「그래 좋아, 만일 운이 나빠서 안 좋은 일이 생기면 식수용 물탱크에라도 시신을 넣어 둘 수밖에」까지 생각했다고 한다. '모 아니면 도' 식의 거친 치료가 다행히 성공해 고산병에 의한 치요코의 부종은 약 1개월 만에 진정되었으나, 이번에는 이타루가 부종으로 고생하게 되었다. 정말로 목숨을 건 산정山頂 생활이었다. 12월 10일에 동생 노나카 키요시野中淸가 올라와 보기를 간절히 원했을 때는 이미 노나카 부부는 쇠약해져 걷기조차 힘든 상태였다. 12월 22일 도쿄기상대의 와다유지和田雄治 기술자 팀이 지원에 나서서 월동 관측을 계속하겠다는 부부를 설득해 눈바람을 뚫고 하산하였다.

비록 한 겨울을 나는 데는 실패했지만, 72일 동안의 산정 생활을 견뎌 낸 여성으로서 치요코의 노력이 얼마나 대단한 것인지는 헤아릴 수가 없다. 당시의 장비와 식량 상태를 고려하면 치요코의 건투는, 소위 등산가가 아니라고 해도, 역시 일본 여성 등산사에 특별히 기록될 만하다.

이 사건은 국내외에 미담으로 널리 알려져서 신파극으로 만들어지기도 하였다. 이이요호^{伊井蓉峰40} 극단에 의해 이치무라^{市村} 극장에서 공연되었다.

이타루가 제안했던 후지산 정상에 기상관측소가 세워진 것이 그로부터 37년 후인 1930년이었다. 현재는 일 년 내내 관측이 계속되고 있지만 1회의 체재 일수는 20일로 정해져 있다. 치요코의 72일간의 산정 생활은 지금까지도 여성으로서는 최고 기록이다.

---

40 1871 ~ 1932, 일본 신파극 중에서도 예술 지상주의 경향이 강했던 신파극의 대표적 배우이자 제작자.

학교 등산의 시작

1900년대는 학교의 단체 등산도 성행했던 시기였다. 학교 등산에 관해서는 따로 장章을 만들어서 정리했지만 여기서는 그 출발점을 살펴보겠다.

여자의 경우 가장 먼저 단체 등산을 시작한 것은 현립県立 나가노長野고등여학교[41]였다. 나가노여고는 1902년에 학교 단체 등산을 시작했다. 같은 나가노시지만 남자 학교인 현립 나가노중학교는 그것보다 훨씬 늦은 1920년에서야 단체 등산을 도입하게 된다. 나가노고등여학교의 경우 단체 등산을 시작한 시기와 등산의 내용을 보더라도 다른 단체들에 앞서 있으며, 여성 등산사에서 높게 평가되어 마땅하다고 생각한다.

나가노고등여학교에서 등산을 추진한 것은 초대 교장이었던 와다나베 하야시渡辺敏였다. 와다나베 교장은 1899년에 전국 여자고등학교 회의석상에서 여학생에게 바지하카마袴[42]를 입혀야 한다고 주장하여 많은

---

41   현 나가노 서西고등학교

42   허리 아래에 입는 품이 넓은 하의이며, 앞에 주름이 아랫단까지 있는데 한국의 통치마처럼 생긴 것과 너른 바지처럼 양가랑이가 갈라진 것이 있다. 한때 여학생의 교복이기도 했다.

회원들로부터 비웃음을 샀다고 한다. 당시 대부분의 여학교에서는 바지 차림의 모습은 드문 일이었다. 와다나베 교장은 같은 해 잡지『시나노信濃 교육』에 「여성의 체육과 복장」이라는 논문을 실어서 바지의 필요성을 설명하고 있다.

강건한 국민을 양성하기 위해서 장래 어머니가 될 여성들에 대한 체육 교육에 관심을 가져야 한다. 따라서 지금의 여학생 복장으로는 하체 운동이 거의 불가능하므로 개선되어야 한다.

실제로 이 학교에서는 바지를 착용했으며, 더욱이 등산할 때는 거기에 단추를 달아 '발목을 쪼인 바지구쿠리 하카마, くくり袴'를 착용했다.

이러한 신념과 주장을 갖고 있었던 와다나베 교장은 1902년부터 4학년 학생을 대상으로 도가쿠시산戶隱山 등산을 시작했다. 이 산은 소위 영산靈山이며, 등산 목적은 어디까지나 체력 향상에 있었다. 이 도가쿠시산 등산은 1925년까지 계속되었으며 그동안 와다나베는 15회 직접 등산을 지도했다. 와다나베는 퇴직하던 해 「협회회보 제1호」에서 다음과 같이 말하였다. "잘 알고 계시는 것처럼 도가쿠시산은 험한 산 중에서도 더 험한 산으로, 중학교 혹은 사범학교의 남학생 30, 40명 중에 4-5명은 개미 탑 근처 험한 곳에 다다르면 겁이 나서 돌아오는 경우가 항상 있었다고 들었습니다. 2-3백 명도 넘는 학생 중에서 낭떠러지에 떨어져 죽는 사람이 절대 없다고는 말할 수 없지만, 설사 죽는 사람이 나온다고 해도 299명의 정신무장과 신체단련에 유익하고, 국민교육상 유용한 일이라고 믿는다면 설사 1명이 죽는다고 해도 이것을 계속 실행해야 한다고 믿고 있습니다." 다소 난폭하게 들리는 면이 없지 않지만 그 나름대로의 준비와 지도를 해 왔으므로 그런 발언도 이해가 간다. 덧붙여서, 그는 1883년 오마치大町초등학교 교장 시절에 구보타 한텐窪田畔天과 함께 시로우마다케白馬岳를 등반했었는데, 이것은 시로우마다케 등반의 역사로 보면 아주 초기의 일이었다.

이 나가노고등여학교는 도가쿠시산 등산에 이어 1906년부터 후지산도 등산했었는데, 이것도 도쿄의 부립府立 제1고등여학교[43]와 더불어 여학교로서는 가장 빠른 후지산 학교 등산이었다.

이때부터 계속하여 여학교와 여자고등사범학교, 여자대학 등의 학교 등산이 늘기 시작했다.

여자 학교 등산으로서 다테야마에 처음으로 오른 것은 도야마富山

---

43   현 도립都立 시로가모메白鷗고등학교

현립県立고등여학교와 동同 여자사범대학이었다. 양교의 다테야마 학교 단체 등산은 1919년 7월 23일, 사사키佐々木 교장과 남교사 3명, 여교사 4명, 학교 의사 1명, 사진사 1명을 포함하여 총 48명의 대인원이 참가하여 도야마를 출발했다.

그때의 여학생의 복장에 대해서는 다음과 같은 기록이 있다.

> 무명으로 만든 홑겹 옷에 띠를 했으며, 밑부분을 걷어 올려 빨간 허리 띠를 보이게 하고, 흰색 스패츠spats에 짚신의 끈을 예쁘게 묶고, 옻칠로 유명한 에치젠越前 돗자리를 어께에 메고, 대죽으로 만든 새 모자에는 『여자사범 다테야마 등산』이라고 굵은 글씨로 적혀 있었다.

다음날인 24일에 폭우가 쏟아져 신의 노여움인가 걱정했지만 그다음 날인 25일은 쾌청하여 등산할 수 있었다. 6명이 폭우와 번개로 인한 정신적 충격으로 낙오하긴 했지만 나머지 사람들은 정상에서 해돋이를 볼 수 있어서 모두 감격했다고 한다. 그날 저녁이 되어 일행은 다테야마 온천에 내려왔고, 26일 전원 무사히 귀가했다고 기록되어 있다.

그 후 도야마고등여학교의 다테야마 등산은 중단되었으나, 1926년에 산악부를 창설하여 다테야마 정상에서 발단식을 가졌으며, 그 당시 체육회의 모범이 되었다고 한다.

덧붙이면, 남자 고등학교의 경우는 군사 훈련의 일환으로 등산을 일찍부터 도입한 곳이 있었다. 옛날 학제의 제4고등학교[44], 홋카이도北海道의 삿포로札幌중학교[45] 등이 그런 학교이다. 그 영향도 있어서 1898

---

44   현 가나자와金沢대학
45   현 삿포로 남南고등학교

년에 제4고등학교에 등산부가 생겼고 나중에 산악부로 발전하지만, 산악부로서 가장 먼저 활동을 시작한 것은 1903년의 제3고등학교[46], 1905년의 교토제국京都帝國대학[47]이었다.

---

46   현 교토대학
47   현 교토대학

일본산악회의 창립

일본 알피니즘의 대두撞頭

이러한 상황 속에서, 일본에도 드디어 근대 등산의 개막이 찾아왔다. 1900년대, 20세기의 초반은 일본에서 본격적으로 알피니즘이 싹트기 시작한 시기였다. 여성의 근대 등산의 여명을 살펴보기 전에 전체적인 상황을 살펴본다.

당시 요코하마横浜에 살고 있던 오카노 긴지로岡野金次郎와 고지마 우스이小島烏水는 1899년에 노리쿠라다케乘鞍岳에 올랐다. 당시의 노리쿠라다케 상부에는 길다운 길이 없었고, 마치 소나무 위를 걷고 있는 것 같았다고 한다. 두 사람은 그때까지 구름에 가려 있던 야리가다케槍ケ岳가 구름 사이로 나타난 것을 정상에서 보고, 야리가다케를 등산해야겠다는 의욕을 가졌다.

3년 후인 1902년에 두 사람은 꿈에 그리던 야리가다케 정상에 올랐다. 야리가다케 정상은 이미 1828년 반류스님播隆上人, 1786-1840에 의해 사찰이 세워졌지만, 오카노와 고지마가 올라갔을 때는 길이 없어서 시라호네白骨 온천에서 사와타리沢渡 안쪽의 가스미자와다케霞沢岳의 분수령을 끝까지 올라가서 야리사와槍沢를 경유하여 등정에 성공했다. 이러한 등산을 시도했던 그들은 이후 더욱더 등산에 매진하게 되었다.

당시 오카노는 영국계 스탠다드 석유회사에 근무하고 있었는데, 야리가다케 등산 후에 월터 웨스턴Walter Weston이라는 영국인이 쓴 책『일본 알프스의 등산과 탐험』을 우연히 직장에서 보고 깜짝 놀랐다. 이 책은 런던에서 1896년에 간행된 것으로, 거기에는 자기들보다 무려 10년이나 앞서 웨스턴 자신이 야리가다케에 올랐다고 기록되어 있었으며 그 사진까지 수록되어 있었기 때문이었다. 그때까지 오카노 일행은 야리가다케에 극히 소수의 슈겐쟈修験者나 사냥꾼이 올라간 일은 있어도 일반인이 올라갔으리라고는 꿈에도 생각하지 못했을 뿐만 아니라 더구나 외국인이 올라갔었다는 것은 상상도 못했던 일이었다. 더욱 놀라운 것은 웨스턴보다 15년이나 앞선 1877년에 같은 영국인인 고우랜드Gowland가 야리가다케를 등산했다는 기록이 있다는 것이며, 이는 한층 충격을 더했다. 오카노가 가져온 이 정보는 고지마에게도 예측하지 못한 일이었다. 오카노와 고지마는 이 웨스턴이라는 사람이 선교사로 요코하마의 야마테山手교회에 거주하고 있다는 것을 외국인 거주자 명부에서 찾아내었고, 이후 두 사람과 웨스턴과의 교제가 시작되었다.

웨스턴은 그들에게 산에 관한 여러 가지 이야기를 들려주었으며 영국을 비롯해 서양 각국에 있는 알파인 클럽을 일본에도 만들기를 권했다.[48] 웨스턴은 1905년에 귀국하게 되는데 귀국하기 전에 고지마 일행에게 일본에도 산악회를 만들 것을 적극 추천했다. 일본산악회가 고

---

[48] 영국인 매킨토시가 1907년 실시한 조사에 의하면, 1857년에 창립된 영국 알파인 클럽에 이어 오스트리아 등의 유럽 각국과 아메리카 합중국에는 많은 산악회가 있으며, 인도며 중국에도 이미 유사한 클럽이 존재했다.

야리가다케 북동면을 가는 웨스턴 부인(중앙) 일행. 1913년 8월 8일.

지마 일행에 의해 일본박물관동지회의 지회^{支会}로서 창립된 것은 그해 10월의 일이었다.

　근래에 매년 가미코치^{上高地}에서 열리는 웨스턴 축제는 잘 알려져 있지만, 요즈음은 그 외에도 웨스턴과 연관된 니가타현^{新潟県}의 오우미^{青海} 마을과 규슈^{九州}의 미야자키^{宮崎} 등에서도 웨스턴을 기리는 행사가 매년 열리고 있다. 분명히 웨스턴이 없었더라면 일본 근대 등산의 개막은 많이 늦어졌으리라. 이렇게 말하는 것은, 웨스턴이 산악회의 창립을 적극적으로 권했지만 고지마 일행은 아직 시기상조라고 생각하고 있었기 때문이다.

　웨스턴은 영국에 귀국하자마자 영국산악회에 일본에 산악회 설립의 기미가 있음을 알리고, 일본에 회칙과 회원 명부 샘플을 보내왔다. 영국산악회는 회장을 필두로 일본산악회 설립에 조력을 아끼지 않겠다고 전했으며, 웨스턴 자신도 즉시 산악회 설립에 착수하도록 권해왔다. 요컨대 상대방이 더 열심이었다.

일본산악회의 창립 회원은 당시 일본박물관동지회의 회원을 주축으로 다카노 요조高野鷹蔵, 다케다 히사요시武田久吉, 우메자와 치카미쓰梅沢親光, 가와다 시즈카河田黙, 조 카즈마城数馬, 다카토 니헤이高頭仁兵衛, 고지마 우스이小島烏水 등 7명이었다. 회보『산악』이 창간된 것이 1906년 4월 5일로, 설립 취지서가 거기에 게재된 때문인지 회의 창립을 1906년으로 착각하기도 하고 고지마 자신이 창립은 1906년이라고 적은 적도 있지만, 설립 총회는 1905년에 열렸기 때문에 창립은 메이지 38년, 즉 1905년이 맞다.

설립 취지서에는 등산의 의의에 관하여, 「① 산악은 문화의 근원이며, 종교도 예술도 산악으로부터 생겼다. ② 산은 인간의 의지를 강고強固하게 하고 신체를 강건剛健하게 한다. ③ 산은 물리, 화학, 미술, 식물, 천문, 지질, 동물의 연구에 좋다. ④ 산은 시공간을 느낄 수 있다. 산은 미래를 꿈꿀 수 있는 자연 공간의 역할을 하고 있다.」라고 강조했다. 또한「기관지『산악』을 발행하여 산악 취미와 지식을 발전시킨다. 산장山荘을 짓고, 등산로를 개설하며, 등산 안내서도 발간하고, 등산가 간의 교류도 활발하게 하고 싶지만, 이런 것들은 소수의 사람만으로는 할 수 없으므로 여러분의 도움이 필요하다.」라고 끝을 맺고 있다.

이렇게 창립한 일본산악회는 일본의 알피니즘을 이끌어 왔고, 그 기관지『산악』연보도 오늘날까지 86호49를 헤아릴 정도로 86년의 역사를

---

49   일본 여성 등산사가 1992년에 발간되었다.『산악』은 2017년 112호가 발간되었다.

자랑하는 조직이지만, 창립 당시에는 과연 회원을 모을 수 있을지조차 의심스러웠다. 그러나 산악회의 발전은 발기인들의 예상 이상으로 빨라서, 그 이후에 웨스턴이 다시 일본을 방문해 체류했던 1914-1915년 경에는 회원이 약 300명 정도를 헤아릴 수 있게 되었다.

일본산악회는 법인화되는 1932년까지 회장을 두지 않았고, 회보 『산악』은 발기인들이 각자 책임을 지고 기사를 모아서 발행해 왔다. 그래서 회보 『산악』은 당시 산악계의 모습을 알 수 있는 귀중한 자료이다.

그 밖에 메이지시대에 생긴 사회인 산악회로는 「엣추越中산악회, 1907년 창립」, 「히다飛驒산악회, 1908년 창립」, 「나고야名古屋산악회, 1909년 창립」, 「시나노信濃산악회, 1909년 창립」 등이 있다. 도쿄에 본격적으로 산악회가 많이 생기기 시작한 것은 쇼와昭和시대에 들어와서부터이다.

등산이 대중화되어 사회인 산악, 지역이나 직장 산악회가 많이 생긴 것도 쇼와시대 초기이다. 『산과 계곡』의 창간은 1930년이며 『산과 여행』, 『산장山小屋』, 『하이킹』, 『등산과 스키』 등의 잡지들이 이때쯤 잇달아 창간되었다.

이리하여 일본의 등산은 점차 신앙등산에서 취미로서의 스포츠등산으로 주류가 변화하게 되었다.

일본산악회의 여성 회원 제1호

여기서 근대 알피니즘 시대에서의 일본 여성의 족적을 더듬어 가 보기로 한다.

일본산악회지『산악』지면에도 여성의 이름은 창립 직후부터 드문드문 보이기는 하지만, 산악 회원 여성 제1호가 확인되는 것은 창립 다음 해의 봄이다. 당시 회원 명부에 의하면 회원 번호 76번에 우에무라 구니코植村国子라는 이름도 있었고, 134번으로 노구치 유카野口幽香라는 여성 이름이 있었다. 76번 우에무라 구니코가 당연히 여성이라고 짐작되어 명부에 나타난 주소 니가타 나가오카 게이코초新潟県長岡稽古町를 근거로 현지를 조사해 봤지만 끝내 확인할 수 없었다. 당시 여성으로서 산에 등산을 했다면 무언가 흔적이 있어야 마땅한데, 나가오카시의 수많은 등산 관계자들의 협력에도 불구하고 확인할 수 없어서 유감스럽다. 그래서 여기에서는 확인된 여성 회원 제1호는 추후 확인이 될 때까지 노구치 유카로 하였다.

노구치 유카는『산악』제1년의 3호1906년 11월 발행에「첫 등산」이라는 기행문을 실었다. 이 기행문은 지인들과 1906년 8월 7일과 8일에 이와테산岩手山에 올라갔을 때에 관한 것인데 사람들과 풍경에 대한 섬세한 관찰의 글로 지어져 있어 당시의 여성 등산의 일단을 짐작해 볼 수 있다.

이와테산 등산에 참여한 일행은 8명, 그중에 여성이 6명이었다. 거기에 인부 3명을 포함해서 외곽 쪽 입구야나기사와, 柳沢口에서 올라갔다. 이들은 모리오카 시모구리야가와盛岡下厨川에 있는 유카의 지인이자 리더 격인 노인의 집에서 새벽에 출발했다. 유카를 포함한 여자 3명은 화물마차를 급 개조한 것을 타고, 다른 사람들은 걸어서 출발했다. 아마 지금의 동북선 철도 다키자와滝沢 역 근처에서 왼쪽으로 꺾어 산길로 들어갔을 것이다.

> 가도 가도 꽃은 끊이지 않고, 어떤 곳은 넓고 어떤 곳은 좁고, 때로는 마차에 닿아 스르르 소리를 내며 여랑화女郎花가 스쳐 지나가고, 꽃구경을 위해 이렇게 천천히 가는가. 즐거움은 끝이 없고, 길은 점차 나빠지고… 얼마 되지 않아서 길가에 영란鈴蘭[50]이라는 소리에 자세히 봤더니, 천만 가지 풀꽃이 흐드러지게 피어 있는 바닥은 한쪽 면이 영란 천지. 자생란自生蘭은 본 적도 없는 나에게는 크나큰 기쁨.

휴식 후 마차에서 내려 마침 내리는 비를 맞으며 등산하여 정상에 도착하였다. 오두막집의 모습은 다음과 같이 기술되어 있다.

> 잠시 따뜻해지는 동안에 우리 눈도 어두움에 익숙해져 겨우 실내의 모습을 살펴볼 수 있게 되자 진기한 것들이 슬슬 보이기 시작했다. 뒤를 돌아본 순간, 머리카락과 수염이 무성한 남자가 정좌正坐하여 우리를 보

---

50 은방울꽃

시로우마다케산白馬岳의 야생화 지대를 오르는 나가노고등여학교생1906년 8월. 이해
나가노고등여학교는 시로우마다케산을 처음 올랐다. 이 사진은 그때의 모습으로 생각된다.

후지산을 오르는 오차노미즈お茶の水 부속 고등여학교의 학생, 1919년 7월21일.

고 있는 것을 발견했을 때는 호기심보다 오히려 무서움을 느꼈다. 하지만 금방 여기 주인임을 알아채고는 가볍게 인사하며, '여기 주인장이시군요! 많은 여자들이 함께 와서 오늘밤은 소란스럽겠네요.'라고 말하자 굵직하고 큰 목소리로 'ㅋ~' 하고 대답만 할 뿐, 웃지도 않고 더욱더 우리들을 관찰하는 것이었다.

이와테산이 금낭화駒草의 명소라고 누차 들어 왔지만, 금낭화가 이토록 아름답고 이렇게까지 많을 줄이야 꿈에도 생각하지 못했다. 앉으면 한 송이의 아름다운 꽃에 빠져들고 일어서면 구름과 꽃의 대비에 황홀해져 우리들은 우리의 존재를 잊고 홀연히 천상 세계의 신선이 되었다. 현지에서는 이것을 신선초仙人草라고 부르는데, 금낭화는 성스러운 산聖山 최고의 자리에서만 자라는데다 더러운 것을 싫어하기 때문에 이 일대를 임금이 사는 곳이라고 부르며 부정不淨한 것을 씻어 준다고 한다. 아아, 신선초 정말 잘 지은 이름이다.

노구치 유카는 도쿄여자고등사범[51] 출신으로 당시 일본에 없었던 보육원의 설립에 힘쓴 사회복지운동의 선구자이기도 하다. 출신 학교의 부속 유치원에 근무한 후, 귀족 자제를 위해 설립된 가조쿠華族 유치원[52]에 근무했지만, 그때의 유치원은 부유한 가정의 아이들만을 위한 것으로, 유카는 가난한 사람들의 아이들이야말로 보육원이 필요하다고 생각하여 1900년에 떡잎双葉 유치원후에 보육원을 만들었다. 당시 자금 조달과 운영이 상당히 어려웠던 것 같이 보이는 바로 그 힘든 시기에 등산에 흥미를 가져 산악회에 입회하였던 것이다. 유카는 단시短詩라고 불리는 하이쿠俳句와 식물에도 흥미를 가지는 등 유아 교육의 선구자답게 풍부

---

51   현 오차노미즈お茶の水 여자대학
52   현 학습원 유치원

한 식견의 소유자였던 것 같다. 산악회에는 1930년까지 재적하고 있었다.

그 외에 메이지, 다이쇼大正시대 일본산악회의 여성 회원은, 알려진 바로는 1907년의 아라노 도시新野トシ, 다카하시 센高橋セン 2명과 1908년의 미네무라 요시코峰村よし子 1명, 1916년의 다나카 하루노田中晴野 1명이다. 이때까지 총 회원 수 1,079명 중 여성 회원의 수는 불과 5명이라는 적은 숫자이지만 이는 그 당시 등산계에서 여성의 위치를 상징하는 숫자이기도 하다.

여성 알피니스트의 등장

이리하여 다이쇼시대부터 쇼와의 초기에 걸쳐서, 여성 등산은 점차 활발해져 마침내 여성 등산가라는 이름에 어울리는 여성이 배출된다. 또한 여성들만의 산악회도 창립되기에 이른다. 최초의 여성 산악회는 도쿄 YWCA산악회로 1932년에 설립되었다. 한편, 오사카에서는 1935년에 하세가와 시즈코長谷川静子에 의해 클럽 에델바이스가 만들어졌다. 게다가 그들의 산행에 있어서도 주목할 만한 성과가 나타나기 시작했다. 중요한 것들만 들어 보면 다음과 같다.

1920년 다케우치 이사竹内いさ가 남편과 함께 가시마 야리가다케鹿島槍ケ岳에 오른 후 오마치大町로 하산한 다음, 다시 하리노키도게針の木峠를 넘어서 다테야마立山를 경유하여 쓰루기다케劔岳를 등정하였다.

1923년 무라이 요네코村井米子가 호다카다케穂高岳부터 야리가다케槍ケ岳까지 종주하였다.

1927년 1월 1일 설날 나카무라 데루中村テル가 후지산을 등반하였다.

1929년 구로다 하쓰코黒田初子가 코야리小槍 등반 후에 오쿠호다카다케奥穂高岳에서부터 니시호다카다케西穂高岳까지 종주하였다.

같은 해, 이마이 키미코今井喜美子가 남편과 함께 호다카다케부터 야리가다케까지 가이드 없이 종주하였다.

1933년 1월 사와 토모코沢智子가 동절기의 기타호다카다케北穂高岳를 등반하였다.

이러한 개인 등산의 성과 외에도 일본등고회日本登高会의 가와모리 사치코川森佐智子와 하세가와 시즈코長谷川静子가 열심히 암벽등반을 하는 등, 드디어 등산의 세계에도 여성들이 본격적으로 진출하게 되었다. 여기에서 다룬 산행들은 오늘날에는 그저 평범한 산행이 되어 버렸지만 등산로며 장비, 그 밖에 당시의 여건에서는 선구적인 업적으로 높이 평가될 수 있는 산행들이다. 이들 산행 시기와 다이쇼 중반에서 쇼와 초기까지의 시기는 일본 여성 등산사의 여명기로 자리매김할 수 있을 것이다.

더욱이 무라이 요네코村井米子는 도야마고등여학교와 여자사범대학이 최초로 다테야마를 등반했던 1919년에 18세의 여학생 신분으로 다테야마를 등반했었다. 그 당시 일행은 그녀 외에 그녀의 남동생, 남동생의 학교 친구, 짐꾼 1명, 심부름꾼 1명으로 당시로서는 사치스러운 귀족 등산이었다. 이 등반은 앞에서 소개한 오이 레이코大井冷光의 특집 기사로부터 10년 후의 일이지만, 그 당시에도 여전히 현지 주민들의 산의 노여움에 대한 걱정이 심하여 떳떳하지 못한 등반이었던 것 같다.

앞에서 언급하였듯이 당시 여고생의 복장은 폭우와 번개를 만났을 때 속치마를 잡고 등산해야 했으므로 상당한 부끄러움을 느꼈는데,

여성으로서 동계 후지산을 최초로 등반한 나카무라 데루中村デル(오른쪽 두 번째). 여자가 산에 오른다 하여 아사마 신사浅間神社에서 부적을 받음. 동행자는 가이드 가지 후사키치梶房吉, 네가미 에쓰조根上悦三, 왼쪽 끝은 후쿠다福田의 집 주인. 1927년.

무라이 요네코는 도쿄에서 자라서 체조용 속바지를 입고 있었기에 그 점에서는 자유롭게 산길을 올랐다고 한다. 여성의 복장에도 도시와 지방 간에 차이가 있어서, 악천후 속에 미비한 복장으로 산에 오른 도야마고등여학교富山高女 여학생들의 고충을 상상할 수 있다.

앞에서 소개한, 나가노고등여학교長野高女 와다나베 교장이 여학생의 바지 착용을 장려한 적이 있는 것처럼 여성의 근대 등산 발전에 있어서 복장의 문제도 중요한 포인트였던 것이다. 다음 장章에서는 이 근대 등산의 여명기에 활약한 일본 여성 등산사의 선구자들을 소개하겠다.

제3장

근대 등산 여명기의
여성 등산가들

근대 등산의 여명기를 개척한 여성으로 기억될 만한 인물은 그리 많지 않다. 그녀들은 메이지시대와 다이쇼시대 출생으로 다이쇼 중반부터 쇼와 초기[1920, 1930년대]에 눈부신 활약을 했지만, 그 전후에 현역 등산가로 활약했던 인물도 있다. 지금 돌이켜 보면 그 사람들은 여성 등산가로서 빛나는 별과 같은 존재로 여겨진다.

그들 대부분은 경제적으로도 굉장히 유복한 환경에 있었던 사람들이었다. 문자 그대로 등산은 양갓집 자녀들의 취미였던 당시의 등산에서는 짐꾼이나 산 안내인을 고용하든지 해서 남성과 동행하는 것이 관행이었다. 그것이 귀족 등산이나 공주님 등산으로 보였을지라도 그녀들이 쌓아올린 등반의 성과는 조금도 폄하될 수 없다. 그런 산행을 함으로써 여성 등산가로 착실히 성장해 왔기 때문이다. 또한 전쟁 전의 여성의 지위는 그러한 '양갓집'의 지위를 살리지 않는 한 등산이 거의 불가능할 정도로 낮았다. 여성이 등산을 함에 있어서 제2, 제3의 난관은 그녀들이 먼저 족적을 쌓아 감에 따라 돌파될 수밖에 없었던 것이다.

요즈음은 교통기관이 매우 발달되어 있어 등산의 기점이 되는 곳까지 이동하기도 수월해졌고 등산로도 잘 정비되어 있으며, 등산 기술이나 좋은 장비가 많이 보급되어 있는 덕분에 등산은 이미 일반 서민의 스포츠가 되었다. 그러나 여성 등산의 경우는 단지 교통이나 장비의 발달만으로 발전하는 것이 아니다. 역시 여성 등산의 선구자가 없었다면 오늘날의 융성은 없었을 것이다. 「프롤로그」에서 언급했던 것과 같이 여성에게만 주어진 어려운 난관을 극복할 필요가 있었던 것이다. 그런 의미에서 여기에서는 그 선구자 10명을 다루어 기록으로 남기려고 한다. 지금은 북 알프스에서 여성만으로 이루어진 팀을 본다고 해도 전혀 놀라운 일이 아니다. 그리하여 지금의 관점으로 비교해 버린다면, 앞으로 다루게 될 사람들의 산행이 지극히 평범하게 보일 것이다. 그러나 그것은 역사를 모르는 사람의 단순한 견해라고밖에 말하지 않을 수 없다. 여러 가지 면을 고려해 볼 때 우리는 그녀들이 남긴 족적은 산행 기록으로 훌륭한 것이고, 그녀들이 여성의 등산을 개척했다는 점에서 높이 평가되어야 한다고 생각한다.

아오키 미요

초기 직장 산악부에서 활약

직장 산악계를 개척한 꽃으로 제일 먼저 기록에 남겨야 할 등산가는
아오키 미요^{青木美代}일 것이다.

　　1916년 도쿄시 재무국 지리과에 근무하고 있었던 아오키 미요는
1931년 도쿄시 체육회 산악회[53]의 창립 위원 1인이 되어, 같은 해 11
월 산악회를 창립하였다. 직장 산악회로서는 1930년 창립한 시바우라
^{芝浦} 제작소[54] 산악회가 약간 앞서긴 했지만, 직장에 근무하면서 눈부신
등산 활동을 한 여성으로서는 아오키 미요가 최초이다. 당시에는 직장
에 다니는 여성 자체가 드물었고, 여성이 계속 일을 하는 것 자체가 여
성에게는 많은 고생이었을 것이다. 그 와중에 산악회를 창립하여 근대
등산을 이끌어 갔던 아오키의 활약은 높이 평가되어 마땅하다.

　　아오키 미요는 작은 체구였지만 활동적이어서 남성 산악회원과
많은 산행을 하였다. 한번은 아오키 미요가 도치기현^{栃木県} 나스^{那須}에
있는 차우스다케^{茶臼岳}로 등산을 갔을 때, 강풍으로 유명한 산마루턱에

53　현 도쿄도청 산악부
54　현 도시바^{東芝}

있는 찻집 안부 근처에서 강풍에 날려 간 일이 있었다. 이것은 그녀가 작은 체구였고 굉장한 강풍이었다는 것을 나타내는 해프닝이었지만, 다행히도 그녀는 남성 회원 위에 떨어져 팔이 부러지는 정도의 부상에 그쳤다. 이 이야기는 당시 산의 세계에서는 누구나 알고 있는 유명한 일화로 전해진다.

아오키는 1914년 나가노현長野県 마쓰모토松本고등여학교 재학 시절에 이미 시로우마다케白馬岳를 등반했으며, 그 발자취가 전국 방방곡곡에 미치고 있다. 시청 산악회에서의 활동 기록은 동회의 연보 제1호부터 제3호에 수록되어 있다. 이 자료는 같은 산악 회원이었던 호시노 시게루星野重로부터 제공받았다.

아오키 미요는 나가노현 마쓰모토시에서 1897년에 태어났으니, 다음에 나오는 무라이 요네코村井米子보다 4살 연상이다. 문자 그대로 여성 등산의 선두에 선 여성이었다. 아오키 미요는 1949년에 일본산악회에 입회하였으며, 1984년 87세로 서거하였다.

에세이

「스키 14년의 추억」, 『산과 계곡』 1942년 11월호

등산 이력

(이하의 등산 이력은 아오키 미요 본인이 직접 확인한 것이다. 원칙적으로 본인이 제공하고 확인한 것만을 기재하며 불확실한 것은 제외했다. 따라서 여기에 게재된 것들은 실제 이루어진 산행 중에서 중요한 것만 추렸다.)

1914년   시로우마다케白馬岳(마츠모토고등여학교의 단체 등산)

1917년   3월 노리쿠라다케乗鞍岳

1918년   1월 1일 호다카야마武尊山

노로野呂 강 ~ 기타다케北岳 고타로야마小太郎山 능선

1919년   1월 다카다高田에서 열린 일본 스키대학에 참가

2월 10-11일 기소온다케木曾御岳

센조다케仙丈岳 ~ 기타다케北岳

1920년   후지산

8월 가이코마가다케甲斐駒ヶ岳

1921년   고아사마小浅間 ~ 시라네산白根山 ~ 노조리이케野反池 근처의 산

7월 가미코치上高地 ~ 야케다케焼岳 ~ 노리쿠라다케乗鞍岳

호다카다케穂高岳

1923년   5월 후지산

1925년   3월 다테야마立山 스키 산행

8월 오무大武 강 ~ 센스이도게仙水峠 ~ 고레이高嶺 ~ 호오미야마鳳凰三山

1926년   아시타카야마愛鷹山

1927년   미쓰도게三ツ峠 암벽등반

1928년   7월 호다카穂高 암벽등반

8월 핫카이산八海山

10월 시라카와白川 ~ 가이코마가다케甲斐駒ヶ岳

1929년   7월 도쿠고도게徳本峠 ~ 가미코치上高地 ~ 야리가다케槍ヶ岳 ~ 코야리小槍

8월 다니가와다케谷川岳 이치노쿠라사와一ノ倉沢, 마치가사와マチガ沢,

유노사와幽ノ沢

1930년   다니가와다케谷川岳 ~ 시게쿠라다케茂倉岳 ~ 부노다케武能岳

1931년   7월 가이코마가다케甲斐駒ヶ岳 ~ 센조다케仙丈岳 ~ 오무大武 강 계곡

7월 야샤진도게夜又神峠 ~ 시라네산잔白峰三山

10월 돈도고사와ドンドゴ沢 ~ 호오미야마鳳凰三山 외

무라이 요네코

어류 등산가의 여왕

일본에서 '여류 등산가'라는 호칭을 딱 어울리게 붙일 수 있는 최초의
여성은 무라이 요네코라고 해도 좋을 것이다.

무라이 요네코는 1901년 11월 23일, 메이지시대의 이색 작가이
며 요리소설 등으로 알려진 무라이 겐사이村井弦斎[55]의 장녀로 태어났다.

16세 때 이미 후지산을 등반했으며, 이후 산의 매력에 푹 빠져서
20대다이쇼부터 쇼와 초기에는 해마다 북 알프스를 드나들었다. 그중에서도
특히 눈에 띄는 것은, 1923년의 야리槍~호다카穂高 종주, 1929년의 가
시마야리鹿島槍~고류다케五竜岳 종주, 1931년의 마에호다카前穂高~오쿠호
다카奥穂高 종주 등이다. 모두 하계 등반으로, 이마타 주다로今田重太郎라는
안내인과 그녀의 동생 요시카쓰由勝가 동행했다. 당시의 등산로나 장비
등을 고려하면 지금의 등반과는 비교할 수도 없는 어려움이 있었을 것
이다.

초기에는 산 안내인뿐 아니라 짐꾼이나 심부름꾼을 동반한 등산
으로 '공주님의 귀족 등산'이라고도 불리었지만 북 알프스에 20세 전

---

55   갓포기割烹着, 소매 있는 앞치마의 발명자로 알려져 있다.

후의 젊은 여성이 본인 의지로 등반했다는 것은 당시에는 특필될 만한 일이었다. 무라이 요네코는 그런 등반을 거듭하면서 근대 알피니즘을 받아들인 여성 선구자로 성장해 갔던 것이다.

무라이 요네코는 여성 등산의 복장에서도 선구자이다. 당시는 여성이 치마 복장으로 등산하는 것이 일반적이었으나, 학교 등산의 경우에는 기모노와 폭이 넓은 바지도 보이지만, 그녀는 평범한 바지에 짚신을 신고 북 알프스를 답파踏破했다. 그런 그녀이지만 산속에서 남자 안내인과 야영을 할 때에는 상당한 심리적 저항감과 두려움이 있었다고 나중에 술회述懷하고 있다. 당시의 여성에게 등산의 어려움은 자연의 혹독함과 체력의 문제뿐만 아니라 사회적인 편견의 벽으로부터도 기인하였다.

무라이는 아버지로부터 물려받은 문재文才도 좋아서 정력적인 등산 활동과 함께 전쟁 전에 산에 관한 저서를 여러 권 집필하여 여성 등산가로서의 명성을 확고하게 하였다.

1929년 11월 말 초겨울에 후지산에 올랐으며 1933년 1월 동절기에 야리가다케槍ヶ岳를 등반했는데, 같은 해 출판된 무라이의 저서 『눈·여성과 스키』에는 다음과 같은 문장이 있다.

> 능선 바람이 세게 불어오는데 바위를 바람막이 삼아 계속 오른다. 가까워 보이는데 멀고도 멀다. 겨우 도착한 히다놋코시飛騨乗越에서 맞는 눈은 딱딱하게 얼어 있고, 차가운 바람이 거세게 불고 함께 지척을 분간할 수 없을 정도의 눈보라가 몰아쳐서, 스키를 신은 채로 정상까지 오른 우리들을 자칫하면 날려 버릴 기세다.

공허한 하늘 아래 눈발 흩날리는 혹한의 바위 뒤에 웅크리고 앉아 있으니, 떠오르는 것은 십수 년 전 어느 여름날 푸른 하늘 아래의 한 장면이다. 처음으로 여자가 호다카야리^{穗高槍}를 종주하였다고 환영하는 사람들이 야리노호^{槍の穗}에서도, 야리노카타^{槍の肩}에서도, 셋쇼고야^{殺生小屋}에서도 술렁이며 환호하는 소리를 듣고 정작 우리들 자신들은 전혀 눈치채지 못해 도대체 무슨 일이 일어났나 하고 내려다볼 때의 북적거리는 광경이란… 정말이지 여성 등산 초기에나 벌어질 수 있는 한 장면이었다. 그때는 동절기의 야리가다케^{槍ヶ岳}에 내가 이렇게 서 있게 될 줄은 꿈에도 생각하지 못했었는데.

또한, 1942년에 출판된 『산의 아침과 저녁』에는 그녀가 그때까지 20년간 해 온 산행의 발자취가 기록되어 있다. 이것은 여성 등산가 무라이 요네코의 반생의 기록이며, 동시에 일본 여성 등산사 초기의 모습을 말하고 있다. 이 책에는 무라이 요네코가 처음으로 가미코치에 발을 디뎠을 때의 기록인 「그리운 가미코치」라는 제목의 등산 일기가 있다. 이 일기에서는 산을 향해 약동하는 젊은 여성의 숨결이 전해진다.

가자 산으로! 산의 자연에 안기자!
여름을 맞아 또다시 이러한 절규가 온몸에 끓어올랐다.
2, 3년간의 경험으로 등산의 즐거움을 익힌 나로서는 여름 산의 즐거움을 잊을 수 없었다. 상상을 초월하는 대 삼림^{森林}, 부드러운 풀이 돋아나는 고원, 산골짜기에서 보는 높고 맑은 하늘 등을 기억하고 있는 나는 가 보아야 할 산을 고르고 있었다. 이리하여 같은 심정의 남동생과 함께 목표로 정한 산은 일본 알프스의 중앙부 가미코치 온천이었다.

무라이는 결혼하여 한때 구로다^{黑田}라는 성^姓을 갖게 되었지만 남편의 사망 후에 성^姓을 무라이로 되돌렸고, 1946년에 장녀 유키코^{雪子, 당시 23세}가 죽은 후 평생 혼자 살면서 등산 활동을 계속하였다.

일본산악회에는 전후^{戰後}인 1947년에 비교적 늦게 가입했지만,[56] 1949년 일본산악회 부인부^{婦人部} 창설에 중심적 역할을 하여 여성 등산의 수준 향상과 회원들 간의 친목을 위해 힘썼다. 문부성^{文部省}의 등산 연수운영위원, 자연보호협회 이사 및 평의원, 국립공원협의회 평의원 등을 역임했으며, 1963년에는 일본산악회 명예 회원으로 추천되어 만년^{晩年}에는 자연보호운동에 힘을 쏟았다. 그녀의 신조는 산에 대해 겸손해하라는 것이었다.

무라이의 직업은 NHK^{일본방송협회} PD로서 「음식 기행」이라는 방송

---

56   회원 번호 3,001번

프로그램 등을 담당했다. 그때 자택에서 요리 교실을 열었던 것도 이 일과 관련이 있었기 때문일 것이다. 특히 그녀는 향토음식이나 각 지역의 장아찌漬物 등에 대해 연구도 하고 있었다.

1986년 10월의 하치만타이八幡平 등산은 그녀의 마지막 산행이 되었다. 그녀는 그해 말 12월 19일에 세타가야구世田谷区 세조成城에 있는 자택에서 85세를 일기로 생애를 마감했다. 혼자 살았기 때문에 사후 며칠이 지나서 주검이 발견되었다. 신문은 「여류 등산가의 고독한 죽음」이라는 제목으로 그녀의 업적과 함께 그녀의 사망을 크게 보도하였다. 70년에 걸쳐 등산 활동을 한 그녀를 일본 여성 등산가의 일인자라고 하여도 과언이 아니다. 오코메상お米さん이라는 애칭으로 친근하게 불렸던 무라이 요네코는 베레모가 잘 어울리는 여성이었다.

저서

『눈雪·여성과 스키』南光社, 1933년

『눈雪』山と溪谷社, 1934년

『산의 아침과 저녁』第一書房, 1942년

『산들과 부인山々と婦人』日本短歌社, 1942년

『설산의 아침과 저녁』昭和書房, 1947년

『여심旅心 여정旅情』明玄書房, 1955년

『산을 향한 연모의 기록山恋いの記』河出書房, 1956년

『산 사랑의 기록山愛の記』読売新聞社, 1978년

『산악의 경이驚異』偕成社, 1955년

1917년 후지산^{富士山}

1918년 기소온다케^{木曾御岳}

1919년 다테야마^{立山}

1920년 도쿠고도게^{德本峠} ~ 가미코치^{上高地}

1922년 아카구라^{赤倉}에서 스키를 시작함.

1923년 8월 가미코치 ~ 마에호다카다케^{前穂高岳} ~ 오쿠호다카다케^{奥穂高岳} ~
        기타호다카다케^{北穂高岳} ~ 야리가다케^{槍ヶ岳}

1924년 고시키^{五色} 스키, 닛코시로네^{日光白根} 스키

1929년 7월 가시마^{鹿島} 야리가다케^{槍ヶ岳} ~ 고류다케^{五竜岳}
        11월 23일 후지산

1930년 2월 고시키^{五色} ~ 구사쓰^{草津} ~ 시부^渋 ~ 간바야시^{上林} 스키
        4월 시로우마다케^{白馬岳}
        여름 후지산

1931년 3월 도카치다케^{十勝岳} 스키·등산
        4월 및 8월 마에호다카다케^{前穂高岳} ~ 오쿠호다카다케^{奥穂高岳} 종주

1932년 겨울 오제^{尾瀬} 스키
        7월 호다카다케^{穂高岳}
        8월 가스미자와다케^{霞沢岳}
        가을 야쓰가다케^{八ヶ岳}(혼자와^{本沢} ~ 아카자와고센^{赤沢鉱泉})

1933년 1월 가마타^{蒲田} ~ 야리다이라^{槍平} 야리가다케^{槍ヶ岳}
        2월 노리쿠라다케^{乗鞍岳}
        3월 구로히시^{黒菱} ~ 가라마쓰^{唐松} ~ 다이코쿠^{大黒} ~ 가라마쓰^{唐松} 스키·
        등산

1935년 히에자와^{冷沢} ~ 가시마^{鹿島} 야리가다케^{槍ヶ岳}

그밖에도 무라이 요네코가 남긴 70년 등산 이력의 발자취는 전국 각

지는 물론, 해외 등산으로 멀리 히말라야와 유럽 알프스에까지 이르고

있다.

黒田初子

구로다 하쓰코

동계 야리가다케^{槍ヶ岳} 여성 초등

구로다 하쓰코^{黑田初子}, 1903-2002, 1926. 1. 11 동아일보에 스키 타는 부인으로 소개. 1941. 12 백두산-마천령산맥 종주는 등산가인 남편 구로다 마사오^{黑田正夫}와 함께 수많은 산들을 등반했으며, 여성 초등 기록도 많이 가지고 있다. 1931년 정월 초하루, 안내인 나카하타 마사타로^{中畠政太郎}와 함께 야리다히라^{槍平}에서 히다놋코시^{飛騨乘越}로 나가, 가타노코야^{肩の小屋}를 지나 동절기 야리가다케 여성 초등을 해냈다. 1929년 여름에는 코야리^{小槍}를 여성으로서는 처음 올랐다. 이 코야리 등반 후에 오쿠호다카^{奧穂高}에서 위성봉을 지나 니시호다카^{西穂高}에 갔을 때의 모습을 하쓰코는 『산의 소묘^{素描}』⁵⁷에 묘사해 놓았다. 안내인 나카하타 마사타로와의 일화 등이 특히 재미있다고 생각되지만, 여기서는 1930년 8월 시로아키^{白萩}강에서 쓰루기다케^{劔岳} 얏쓰미네봉^{八ツ峰}을 등반했을 때의 글을 조금 인용해 본다.

> 유명한 안내인 군조^{軍蔵}가 도시락 하나만을 허리에 차고 걸으니 발이
> 빨라서 좀처럼 따라가기가 힘들다. 쓰루기 종주는 야리호다카 종주보
> 다 어려운 곳이 훨씬 많아서 긴장되지만, 특별히 로프를 사용할 만큼

---

57   부군 구로다 마사오^{黑田正夫}와 공저, 1931년 산과계곡사

근대 등산 여명기의 여성 등산가들

87

黒田初子

구로다 하쓰코

동계 야리가다케^{槍ヶ岳} 여성 초등

구로다 하쓰코黑田初子, 1903-2002, 1926. 1. 11 동아일보에 스키 타는 부인으로 소개. 1941. 12 백두산-마천령산맥 종주는 등산가인 남편 구로다 마사오黑田正夫와 함께 수많은 산들을 등반했으며, 여성 초등 기록도 많이 가지고 있다. 1931년 정월 초하루, 안내인 나카하타 마사타로中畠政太郎와 함께 야리다히라槍平에서 히다놋코시飛騨乘越로 나가, 가타노코야肩の小屋를 지나 동절기 야리가다케 여성 초등을 해냈다. 1929년 여름에는 코야리小槍를 여성으로서는 처음 올랐다. 이 코야리 등반 후에 오쿠호다카奧穂高에서 위성봉을 지나 니시호다카西穂高에 갔을 때의 모습을 하쓰코는 『산의 소묘素描』[57]에 묘사해 놓았다. 안내인 나카하타 마사타로와의 일화 등이 특히 재미있다고 생각되지만, 여기서는 1930년 8월 시로아키白萩강에서 쓰루기다케劔岳 얏쓰미네봉八ツ峰을 등반했을 때의 글을 조금 인용해 본다.

> 유명한 안내인 군조軍蔵가 도시락 하나만을 허리에 차고 걸으니 발이
> 빨라서 좀처럼 따라가기가 힘들다. 쓰루기 종주는 야리호다카 종주보
> 다 어려운 곳이 훨씬 많아서 긴장되지만, 특별히 로프를 사용할 만큼

---

57   부군 구로다 마사오黑田正夫와 공저, 1931년 산과계곡사

근대 등산 여명기의 여성 등산가들

87

어려운 곳은 없다. 한 군데 피켈을 사용해 겨우 몸의 균형을 잡아 내려올 수 있는 바위지대가 있었을 뿐이었다. 군조는 척척 따라오는 나를 뒤돌아보며, 예상 밖이었는지 "어라!" 하고 소리쳤다. 쓰루기의 정상에 도착한 것은 12시 15분 전이었다. 신사에 참배하고 점심을 먹은 뒤 쓰루기에 얽힌 일화 등을 듣고 산노마도三ノ窓로 하산하기로 하였다. '이곳을 지나왔던가'하고 생각할 정도로 갈 때와 올 때의 느낌이 다르다. 2시간 동안 거의 쉬지 않고 좁은 바위 능선을 타고 2시 25분에 산노마도로 돌아왔다. 여기서부터 군조는 이케노히라池の平로, 나는 이와산장岩小屋으로 가기로 되어 있었다. 군조는 걱정스러운 듯 한참 동안 나를 전송해 주었지만, 나는 산장에서 저녁을 먹어야 된다고 하면서 군조와 헤어졌다. 아이젠을 착용하고 나 홀로 미지의 눈 덮인 계곡을 내려가다 보니 무어라 말할 수 없는 쓸쓸한 기분이 들었다. 그러나 주위의 험준한 산봉우리가 인상 깊게 보여서 혼자 하는 여행의 쓸쓸함도 즐거움도 조금씩 알게 되는 것 같았다. 크레바스도 4번이나 마주쳤다. 지금 떨어지면 아무도 모르는 사이에 죽어 버린다고 생각하니, 평소에는 일찍 죽고 싶다고 말하고 다니던 내가 엄청 신중하게 폭이 좁은 곳을 골라서 뛰어넘고 있다.

'청빙靑米'이라고 듣기만 해도 더욱더 가 보고 싶어지는 하쓰코이지만, 이날은 남편 마사오가 발을 다치고 인부人夫 다케지로武次郎도 배탈이 나서 이케노히라池の平 산장의 주인 사에키 군조佐伯軍蔵를 안내인으로 하여 후타마타二保의 이와산장岩小屋에서 고마도小窓, 산노마도三の窓를 지나 쓰루기다케剱岳까지 종주를 했다.

하쓰코의 경우는 1923년 산노도게三ノ峠에 올라 주위의 산들을 보고 어느 산이든지 올라가고 싶어진 것이 이후 산행을 하게 된 계기였

쓰루기다케[촉토]의 암벽에서
구로다 하쓰코.[1903년 도쿄 출생]
현재의 등산가 복장과 비슷하다.
1930년 8월 11일.

다고 한다. 80대가 되었어도 수영을 계속했으며, 1년에 3번은 스키를 타러 가는 스포츠 우먼이었다.

　다수의 저서가 있으나 그중에서도 특히 여성을 위해 저술한 최초의 산악서인 『부인들을 위한 산과 스키』에는, 등산이나 스키 여행의 계획을 짜는 법 등을 실례로 들어 설명하고 있고, 복장과 장비 등의 주의점, 그리고 등산 기행문과 수필 등이 18편 수록되어 있어, 당시로서는 산에 가거나 스키를 타고자 하는 부인들에게 귀중한 지침서였다. 그 서문에 이런 문구가 있었던 것을 기억한다.

　한 명의 여성이 남성에게 지지 않는 등산 기록을 만드는 것보다, 한 사람이라도 더 많은 여성들이 크나큰 산의 품에 안기어 그 이상하고 어려운 위엄과 그립고도 신비스러운 아름다움을 접해 보는 것이 바람직하다고 생각합니다.

「사진과 글에 의한 산의 재현再現」이라는 부제副題가 달린『산의 소묘』는 총 40편이 넘는 기행 수필집이다. '모든 삽화는 남편인 마사오가 그린 것으로, 마사오는 산행할 때 휴대용 벼루와 붓을 항상 지니고 다녔다.' 라고 그 책 서문에 적혀 있다.

저서

『산의 소묘』공저 산과계곡사, 1931년. 일본산악명저전집 10권에 수록, あかね書店

『부인들을 위한 산과 스키』大村書店, 1932년

『산의 향연饗宴』明玄書店, 1953년

『산으로의 초대』다비드社, 1957년

『산과 고원의 여행』青春出版社, 1960년

『여행과 산』珊瑚書店, 1965년

『맛과 자연의 산책로』評論社, 1978년

등산 이력

1923년　여름 긴푸산金峰山

1924년　여름 후에후키가와니시자와笛吹川西沢, 그 후 고쿠시다케国師岳를 넘어 아즈사야마梓山

1926년　여름 호오鳳凰 ~ 센조다케仙丈岳 ~ 기타다케北岳 ~ 시오미다케塩見岳

1927년　4월 시로우마다케白馬岳 스키·등산
　　　　봄 후지산

1928년　5월 노리쿠라다케乗鞍岳 스키·등산
　　　　8월 도야마가와니시자와遠山川西沢 ~ 히지리다케聖岳 최초 종주

1929년　4월 기소온다케木曾御岳 스키·등산
　　　　5월 후지산 스키·등산

8월 구로베히가시자와黒部東沢 ~ 야쓰가다케赤岳 ~ 와시바다케鷲羽岳 ~
미쓰마타렌게다케三俣蓮華岳 ~ 가사가다케笠ケ岳 ~ 가마타蒲田 ~
야리가다케가타槍ケ岳肩 ~ 코야리小槍 ~ 호다카고야穂高小屋 ~ 위성봉 ~
니시호다카다케西穂高岳

1930년 1월 핫포八方 능선 ~ 가라마쓰다케唐松岳

8월 나메리카와滑川 ~ 다테야마立山 ~ 철도로 이동 ~ 미조로기溝呂木 ~
시로아키가와白萩川 ~ 고마도小窓 ~ 산노마도三ノ窓 ~ 쓰루기다케劔岳 정
상 ~ 후타마타二俣 ~ 얏쓰미네봉八ツ峰(제4봉과 제5봉의 사이로부터
올라 제8봉까지)

1931년 1월 1일 야리가다케槍ケ岳

4월 하리노키다케針ノ木岳

8월 마에호다카다케前穂高岳 북능선

8월 나메리카와滑川 소행遡行 ~ 기소코마가다케木曾駒ケ岳

8월 중앙 알프스 고시햐쿠센越百川 종주 ~ 미나미코마가다케南駒ケ岳

1932년 8월 고시부가와小渋川 ~ 아라카와荒川 최초 종주

1933년 1월 남포태산南胞胎山, 설령雪嶺

여름 백두산북한

겨울 관모봉북한

1935년 라우스다케羅臼岳 스키·등산

1943년 겨울 홋코다야마八甲田山

1959년 유럽·알프스 뮌히 등정

───────

그 외에도 기타치시마北千島군도 아라토토阿頼度島섬의 아라토후지阿頼度富
士, 호로무시로토幌筵島섬의 하카마코시야마袴腰山를 등산하고 몽골 등에
도 원정하여 국내외 많은 산에 남긴 발자취가 헤아릴 수 없을 정도로
많다.

나카무라 데루

일본 최초의 여성 산악회인 YWCA산악회 창립자

나카무라 데루^{中村テル, 1904-2009}의 산행은 화제성이 풍부해서인지 쇼와 초
기에 신문 지면을 자주 장식했다. 당시 동절기에 등산을 하는 여성은
흔하지 않았기 때문에 그녀가 하산하면 마츠모토^{松本}나 아리아케^{有明}의
역 앞에는 신문기자들이 기다리고 있다가 이야기를 듣거나 원고를 의
뢰했다고들 한다. 이는 그 당시에 여성이 등산하는 것이 아직 드문 일
이었다는 증거이기도 하며, 일종의 스타 대우이기도 하였다. 나카무라
는 다이쇼시대에 일본 포드 자동차 회사에 다니고 있었고 일반 남성보
다도 높은 급료를 받고 있었다. 요즈음 흔히 말하는 커리어 우먼의 선
구자이기도 했기 때문에 매스컴에도 자주 등장했던 것이리라.

　나카무라의 등산은 후지산부터 시작되었다. 1925년 여름, 21살
에 후지산에 오른 것이 이후 등산의 계기가 되었다. 그리고 1927년 1
월에는 가지 후사키치^{梶房吉}라는 안내인을 동반하여 동절기 후지산을
등반하였다. 이것은 제2장에서 소개한 노나카 치요코^{野中千代子}의 경우
를 제외하고, 근대 등산 스타일로 이루어진 최초의 여성 동절기 등반
이다. 그때의 복장이나 장비에 관해서는 사진이 남아 있어 이것으로

좌: 마츠모토松本 역에서. 우: 1937년 스키장에서. 왼쪽에서부터 나카무라 가세코흥瀨子, 나카무라 데루, 세키노 가즈코明野和子

알 수 있지만, 일본산악회 제7회 산악사 간담회에서 「여성 등산을 말하다」라는 제목의 나카무라 데루 이야기『회보 412호』 1979년 10월호에 의하면, 동계 장비로, 손으로 짠 털모자를 쓰고 솔을 둘렀으며 설피를 신었다. 그리고 얇은 양말과 털양말 사이에 발열제로 고추를 다량 넣고 그 위에 긴 양말을 신었다. 설피에는 미끄러지지 않도록 한쪽에 약 1킬로그램 무게의 세 갈퀴 금속을 덧대었다고 한다.

그 당시의 등반을 회고해 보면 먼저 아사마浅間산 산기슭에 있는 신사에서 부적을 받은 다음, 3부 능선에 있는 산장에서 취침을 하고 새벽 2시쯤 자일 대신 삼으로 만든 노끈을 이용하여 일직선으로 정상에 올랐다. 아사마 정상에 있는 조그만 신당에서 휴식한 다음 하산하여 고텐바御殿場 역 앞에 있는 여관에 새벽 1시경 돌아오면, 여관의 여주인은 여성이 동절기에 후지산을 오른 것은 경사스러운 일이라며 동행자를 포함한 세 사람의 숙박료를 무료로 해 주었다. 동행해 준 후사키치는 명 가이드로 알려져 있으며, 그후 1930년 1월부터 35일간 후지산 정상에서 상층 기류의 관측을 행한 사토준이치^{佐藤順一} 씨를 돕는 등 평생 후지산에 살았던 사람이다.

나카무라의 업적 중 1931년에 YWCA산악회를 창립했던 일은 지금도 높이 평가받고 있다. 당초의 회원은 10명 정도였으나 일본 최초의 여성 산악회로서 북 알프스를 중심으로 등산 활동을 활발히 해 왔다. 나카무라는 창립 후 1937년까지 회장을 역임했다.

이 모임은 매월 3회의 산행 계획을 세워 각지의 산에서 스키를 타거나 등산을 하였으며, 당시의 여성 산악회로서 눈부신 활약을 하였다. 창립 당시의 멤버였던 미타 요시코^{三田好子}, 미타 마사코^{三田正子} 자매가 도쿄철도국 직원 4명과 함께 갔던 아사마야마^{浅間山}에서 눈사태로 조난된 것은 여성의 산악 조난 사고 제1호를 기록하고 신문에 대서특필되었다.

나카무라는 1904년 홋카이도 태생이며 일본산악회 해외위원회 회원으로 활약했으나 1990년 봄부터 일본을 떠나 호주에서 생활하고 있다.

―――――――――

저서

『5명의 여자, 뉴질랜드에 가다』^{実業之日本社}, 1962년

『즐거운 히말라야 여행』공저 ^{新樹社}, 1980년

1926년   여름 후지산

1927년   1월 1일 여성 최초 동절기 후지산 등정

1931년   YWCA산악회에서 가이코마가다케^{甲斐駒ヶ岳} ~ 노토리다케^{農鳥岳}

1935년   1월 1일 후지산

1937년   홋포^{発哺}에서 노자와^{野沢}까지 스키 투어

1938년   금강산, 지리산^{한국}

1961년   뉴질랜드 일본 여자친선대 대장^{와세다대학 산악부 OG로 구성}

물론 그 외에도 다수 있으며, 히말라야 트레킹 등도 있음.

今井喜美子

이마이 기미코

스키와 암벽등반

오쿠호奧穗 한 봉우리를 오르는 이마이 기미코. 1932년경.

이마이 기미코今井喜美子[58]가 처음으로 등반한 것은 1921년, 16세 때 쓰쿠바산筑波山이었다. 23세에 산세이도三省堂 출판사에 근무하는 등산가 이마이 유이치今井雄一와 결혼한 후에는, 언제나 유이치와 함께하여 호다카다케를 중심으로 각지에서 암벽등반이나 스키·등산을 해 왔다. 이들은 활발한 등산을 하는 원앙부부로 알려져 있다.

이마이 기미코는 일본산악회에 소속되어 여성의 등산이나 스키를 지도하였으며 그 외에 여성 산악회 에델바이스 클럽의 고문으로 클럽의 상담 역이 되어 회의 행사나 산행에 참가했다. 온천 탐방, 산채山菜

58 1905 ~ 2006, 1947년 일본산악회 입회

산행, 들꽃 산행 등 비경의 산 여행을 계속하여 각 방면에서 많은 발자취를 남겼다.

성격이 활발하고 유머러스해서 어릴 때부터 말괄량이로 소문이 났었고, 다이쇼시대에 몸소 비행기 조종을 해 보고 싶어서 다치카와^{立川}시에서 개인 경비행기를 억지로 졸라 타 보았다는 일화도 있다.

스키는 1927년경부터 시작하였는데, 나중에는 스키 강습회의 지도자로 세키^関, 쓰바메^燕, 아카쿠라^{赤倉} 스키장 등에 매년 다녔다. 스키를 시작했을 때의 복장은 담요로 만든 상의, 낡은 남자 바지를 고친 바지, 스패츠^{spats}를 착용한 스키화였다. 신에쓰센^{信越線} 세키도^{関戸}에서 들어가는 세키 스키장에 있는 나카무라^{中村}의 집에서 항상 묵었다. 어느 날은 이마이 기미코가 슬로프 위에서부터 기세 좋게 활강하고 있었는데 도중에 어떤 남성이 '용감한 부인이네.'하고 넋 놓고 보다가 6명의 남성이 일제히 엉덩방아를 찧었다고 한다. 당시의 스키장에서는 홍일점의 존재로, 세키 스키장의 여왕이었다. 이마이 유이치 씨와의 결혼도 '스키와 등산을 자유롭게 하게 해 준다.'는 것이 조건이었다고 한다.

암벽등반도 좋아해서 호다카의 암장을 시작으로, 캐나다에서도 현지인과 함께 록·클라이밍을 즐겨 왔다. 1968년에는 캐나디안·로키의 롭슨^{Mount Robson} 등에 올랐으며, 그 기행문인 『꽃과 빙하』를 부부가 공저로 남겼다.

그녀가 산과 스키의 인생을 걷게 된 계기는, 7살 때 어떤 남성을 따라 올라간 하루나산^{榛名山} 등산이었다. 그때 자신을 데리고 간 남성이 낮잠 자는 사이에 이카호^{伊香保} 온천까지 혼자서 하산해 버렸다지만, 이

겐지로^{源次郎} 능선에서. 1932년.

런 어린 시절의 체험이 산을 좋아하게 된 계기라고 하니 태어나면서부터 자연인이었던 것 같다.

일본화^{日本画}도 즐겨서 '향원^{香苑}'이라는 아호^{雅號}로 화조화^{花鳥画}도 그렸다. 지금은 일본화를 배우려는 수많은 제자들에게 둘러싸여 취미생활을 즐기며 노후를 보내고 있다. '허리가 휘어도 떨칠 수 없는 스키'라고 얘기해 온 이마이 기미코는 미수^{米壽}를 앞두고서도 산에 대한 그리움이 변치 않아서 가끔 지팡이를 짚고 온천 부근의 산이나 스키장을 방문하곤 한다. 79세 때에는 에치고코마가다케^{越後駒ヶ岳}산에 올라 산장 관리인으로부터 기념패를 받았다. 이마이 기미코는 1905년 사이타마 현^{埼玉県} 출신이다.

「부인과 여름 산 등산」『산악강좌』제6권에 수록, 共立社, 1936년

『마음속에 산이 있어서心に山ありて』이마이 유이치와 공저 同信社, 1965년

『속続 마음속에 산이 있어서心に山ありて』이마이 유이치와 공저 同信社, 1970년

『꽃과 빙하·캐나다·로키산 여행』이마이 유이치와 공저 同信社, 1972년

고인이 된 남편인 유이치의 저서로는『여성등산서설—스커트를 입은 클라이머들』蝸牛社, 1979년이 있다.

1922년   8월 후지산
　　　　　12월 묘기산妙義山, 아사마야마浅間山

1923년   시로우마다케白馬岳

1928년   세키関 스키
　　　　　알프스 긴자銀座 종주

1929년   호다카다케穂高岳

1931년   5월 시로우마다케白馬岳
　　　　　겨울 스키·등산

1932년   오마치大町 ~ 쓰루기자와剱沢 ~ 얏쓰미네봉八ツ峰 ~ 겐지로源次郎 능선 ~ 쓰루기다케剱岳

1933년   호다카穂高 ~ 마에호다카다케前穂高岳 북능선 ~ 다키야滝谷 ~ 위성봉 히다飛騨 능선

1949년   겨울 후지산

1967년   캐나디안·로키

1971년   캐나디안·로키

1984년   에치고코마가다케越後駒ケ岳

1986년   호다카다케^{穂高岳}

그 외에도 홋카이도에서 규슈까지 이마이 기미코의 발자취는 전국 방방곡곡에 미치고 있다.

川森左智子

가와모리 사치코

여성 클라이머

가와모리 사치코[川森左智子, 1907-1988]는 1907년 육군소장이자 군의관인 이시다 유지[石田雄二]의 장녀로 도쿄 고이시카와[小石川]에서 태어났다. 1927년 도시샤[同志社]대학 전문부[專門部]를 졸업하고 교토[京都]에 살고 있을 때 라쿠호쿠[洛北]에 있는 산에 오른 것이 첫 등산이었으며, 이때 등산의 매력을 알게 되었다. 다음 해에는 가와모리 엔지로[川森圓次郎]와 결혼하였다.

그 후 1932년 즈음 운노 하루요시[海野治良][59]에게 암벽등반을 배우고, 같은 해 일본등고회[日本登高会]에 입회했다. 그때부터 일본등고회 우에다 데쓰노[上田哲農],[60] 운노 하루요시[海野治良], 후지키 규조[藤木九三][61] 등 쟁쟁한 남성 클라이머들과 산악 동지로서 함께 등반하였으니, 그녀의 암벽등반은 역사가 길다. 동시에 여성 등산의 보급과 향상에 힘을 쏟아, 오사카의 여성 등산 클럽 '클럽 에델바이스'의 하세가와 시즈코[長谷川静子], 우에

---

59   1939년 다카하시 아키라[高橋照, 1914-1986]와 공저로 「등반기술」을 삼성당[三省堂]에서 출간했다. 다카하시는 1971년 일본 마나슬루 서벽 등반대 대장으로 등정에 성공했다. 저서로 「비경무스탕잠입기」가 있다.

60   1911 ~ 1970, 서양화가이자 등산가. 제2차 RCC 회원으로 파미르 원정대장을 역임했다.

61   1887 ~ 1970, 등산가, 신문기자. 1913년 간사이[関西] RCC를 결성하고 다음해 기타호다카다키야[北穂高滝谷]를 초등했다. 1934년 도쿄제국대학 백두산 원정대[京都帝大白頭山遠征隊]에 기자로 참가했다. 저서로 「눈·바위·알프스」, 「옥상 등반자[屋上登攀者]」藤木九三, 岩波文庫, 1998 등이 있다.

1920년 전후로 추정되는 미쓰도게三ツ峠에서
가와모리 사치코의 등산복 모습.
풍성한 닛카 바지에 못을 박은 등산화,
유럽에서 구입한 스타일.

다 야스코上田安子[62]와 함께 북 알프스에서 활약했다.

1936년에 운노 하루요시 등과 마에호다카다케前穗高岳 북능선 제
4봉 오쿠타스쿠시로奧又白 쪽의 벽을 처음으로 등반하였고일본등고회 길,
1936년에는 후지키 규조藤木九三, 니무라 쇼이치新村正一, 하세가와 시즈코
長谷川靜子, 우에다 야스코上田安子와 함께 기타호다카北穗高의 제3능선을 등
반했다.

1947년 일본산악회에 입회한 후에 도쿄지부 위원이 되어 1949년
의 일본산악회 부인부婦人部 창립부터 스키·등산의 지도를 담당하여 여
성 후진을 양성하였으며, 전국체육대회 등산 부문 임원으로 동계 후지

---

62   1906 ~ 1996, 의류 디자이너. 1953년 프랑스 크리스챤디올의 디자이너로 있었고, 우에다 복
      식연구소를 창립했다.

산 등반에 동행하였다. 또한 스키와 관련해서는 전 일본스키연맹의 지도 위원이 되어 스키 지도에도 힘써 왔다.

1957년에는 약 8개월간 유럽에 체류하면서 마터호른, 몽블랑 등에 올라 그 기록을 『첫사랑의 산』平凡社으로 출판했다.

그 후, 일본산악회 평의원 및 이사를 역임하고 1986년에 명예 회원이 되었다. 그녀는 등산이나 스키 외에도 유럽풍 요리 연구가이기도 하여 가미노게上野毛의 자택에서 가와모리 요리교실을 열어 일본식 서양 요리의 강사로도 일했다. 또 다른 특기로는 일본 자수도 배웠으며, 산에 관련된 취미로는 아사히朝日 문화센터의 사진 강좌도 수강하여 나중에 일본산악사진협회 회원이 되어 사진전을 개최했다.

일본 여성 최초의 해외 등산 실천자로 유럽 알프스를 등산했던 가와모리는 이카호伊香保의 온천 여관 사쓰키정さつき停의 여주인을 유럽 알프스에 데리고 갔다. 이 여성은 당시 63세에 체중이 65킬로그램이었고 해외여행 경험도 없는 사람이었다. 그런 여성에게 알프스의 멋진 광경을 보여 준 것은 당시에도 굉장한 화제가 되었다. 날씨가 좋지 않아 마터호른에는 올라가지 못했지만 자기 발로 알프스에 올라 관광할 수 있었던 여주인의 감격은 헤아릴 수가 없었다.

그녀는 만년에 가미노게上野毛에서 이토伊東의 스도산水道山으로 집을 옮겨 남편은 그림을, 자신은 사진 활동을 하는 우아한 생활을 즐겨 왔지만, 발병, 입원, 요양의 생활이 이어졌고 1988년에 81세로 서거했다.

『첫사랑의 산初戀の山』平凡社, 1958년 7월

등산 이력

1932년 오쿠호다카다케奧穗高岳 스키 활강

1936년 마에호다카다케前穗高岳 북능선 제4봉정면 벽 일본등고회日本登高会 루트
개척에 참가, 메다이明大 루트 제3등

1938년 일본등고회 멤버와 함께 기타호 다키야北穗滝谷 제3능선

1957년 유럽 알프스의 마터호른, 몽블랑, 에귀 데 페레랑Aiguille des Pelerins, 레드
루아트Les Droites, 단 뒤 루칸Dan du Rukyan 등을 등반했다.

春木千枝子

하루키 지에코

걸스카우트 지도자

하루키 지에코春木千枝子[63]는 1920년 도쿄 태생으로, YWCA산악회 창립 때는 아직 일본여자대학 영문과의 학생이었지만 학생 회원으로 산악회에 참가해 활동을 시작했다. 하루키는 YWCA산악회의 활동이 왕성했던 1935년 전후, 나카무라 데루와 함께 산악회를 지탱해 왔다. 하루키는 나카무라가 1935년 1월 1일 두 번째로 동계 후지산에 도전할 때 동행하여 등정에 성공하였다.

대학 졸업 후에는 YWCA에 취직하였고, 전후에는 지바千葉 군정부軍政部, 지바현千葉県 교육위원회에 취직, 사회교육 주사主事로서 부인 교육과 청소년 교육에 종사하였다. 그 후, 지바현립千葉県立 중앙도서관에서 자료과장으로 일했으며, 퇴직 후에는 마츠도松戸시市의 사회교육과장에 취임하여 1975년에 퇴직하였다.

하루키는 또한 지바현 걸스카우트의 지도자로 활약하여 걸스카우트 지바현 지부장으로도 근무했다. 지부장이 된 것은 말할 필요도 없이 등산을 통한 지식과 경험이 큰 힘이 되었다. 국제부인교육진흥회의

---

63   혼인 성씨; 오키大木

이사도 맡고 있었으며, 현재는 조부祖父의 동생인 시인 이토 사치오伊藤左千夫[64]의 연구에 몰두하면서 틈을 내어 해외여행을 다니기도 한다.

여성들만의 산악회인 도쿄 YWCA산악회가 탄생한 것은 1931년 10월 20일로, 당시 회장에는 나카무라 데루가 취임하였다. 회원 약 10명 정도로 발족했으나, 당시는 산이나 스키를 타는 여성은 말괄량이 취급을 받던 때였다. 하루키 지에코가 처음으로 스키를 탄 것은 1932년 1월 1일에 스가다이라菅平 스키장에서였다. 당시에는 스키를 타는 여성이 흔하지 않았는데, 치마를 입고 우에노역上野駅을 출발하여 스키장에 간 하루키는 거기 있던 사람들이 전부 바지를 입고 스키를 타고 있어 깜짝 놀랐다. 그 후로는 바지를 입고 당당히 스키를 탔다고 한다.

---

64   1864 ~ 1913, 시인이자 소설가. 소설『들국화의 무덤』이 있다.

YWCA의 산행에는 여러 가지 즐거운 추억이나 힘들었던 일, 무서웠던 일 등이 있지만, 1934년 1월 21일 YWCA산악회의 리더였던 미타三田 자매가 아사마야마浅間山 스키·등산 중에 눈사태로 조난을 당해 목숨을 잃은 사건은 하루키 지에코에게 가장 슬픈 일이었다. 하루키 지에코는 미타 자매와 노리쿠라다케乗鞍岳 중턱에 있는 산장에서 1933년의 12월 말을 같이 지내고 새해 또한 같이 맞이했었는데, 그로부터 불과 20일 후에 이 사건이 일어났다.

하루키 지에코가 처음으로 가미코치上高地를 방문한 것은 그해 1월 3일이었는데, 두 번째로 가미코치에 간 것은 1936년 12월로, 시라호네白骨 온천에 한 달 동안 체류하고 돌아오는 길에 예고 없이 가미코치에 들렀을 때이다. 스키를 둘러매고 종이우산 하나를 받쳐 들고 사와타리沢渡에서 걷기 시작하여 가마釜 터널의 가운데를 걷다가 바닥이 얼어붙어서 미끄러져 넘어질 뻔했다. 가미코치에서는 가이드로 유명한 쓰네常[65]라는 가미코치 주인의 영접을 받았고, 다다미 6개를 붙인 좁은 산장의 화롯불에 둘러앉아서 쓰네常가 들려주었던 이야기는 지금도 잊을 수가 없다고 한다.

쓰네는 1926년 3월 말에 오시마 료키치大島亮吉가 호다카다케穂高岳에서 목숨을 잃고 난 후 6월 1일에 마에호前穂 북능선 제5봉 사이의 설계雪渓 중앙부에서 그의 시신을 발견할 때까지의 어려웠던 심정을 얘기해 주었다. 하루키는 1915년 6월 6일 야케다케焼岳에 대폭발이 일어나 하룻밤 사이에 정상에 큰 연못이 생긴 이야기며 산양을 잡으러 절벽을

뛰어다니던 이야기 등을 쓰네로부터 밤이 깊도록 들었다. 하루키는 쓰네의 이야기를 또 듣고 싶어서 그 후 몇 번인가 가미코치를 방문하였다. 쓰네는 1949년 가을 뇌일혈로 쓰러져 기후^{岐阜}현 가미타카라^{上宝} 아자나카오^{字中尾}에서 다음해 2월 11일 66세로 서거했다.

유명한 가이드 가몬지^{嘉門次}의 제자로 가미코치에 들어와 순정, 무욕^{無欲}한 산사람으로 산악인들로부터 사랑받아 온 쓰네를 만난 것도 산에 빠져든 계기가 되었다고 이야기 하며 하루키 지에코는 쓰네와의 만남을 추억 속에 고이 간직하고 있다.

───────

저서 및 역서

『시인 이토 사치오^{歌人 伊藤左千夫}』^{新樹社, 1973년}

『사치오^{左千夫} 씨』^{千葉日報社}

『데이지 꽃^{雛菊}』^{新樹社}

『우리 집의 연중행사^{わが家の歳時記}』^{新樹社, 1978년}

『줄리엣 로우⁶⁶ 이야기』^{MM Pace, 法政대학출판국}

『사랑과 슬픔』^{엘렌·글라스고우, 東京新説社, 1956년}

『알프스에 도전한 사람들』^{아놀드 랜 편집, 新樹社, 1980년}

───────

등산 이력

1931년   다카미즈산잔^{高水三山}

1932년   여름 가이코마가다케^{甲斐駒ヶ岳} ~ 센조다케^{仙丈岳} ~ 기타다케^{北岳} ~ 노토
리다케^{農鳥岳}
연말부터 33년 1월 노리쿠라다케^{乗鞍岳}

───────────────────────────────

66   1860 ~ 1927, 1912년 미국 조지아 주에서 걸스카우트를 창립하였다.

1934년　4월 호오미야마鳳凰三山

　　　　7월 아사마야마浅間山

1935년　1월 1일 후지산나카무라 데루와 함께

　　　　4월~5월 기소온다케木曾御岳

　　　　7월 시로우마다케白馬岳 ~ 가시마야리가다케鹿島槍ケ岳

　　　　11월 가라마쓰다케唐松岳

1936년　4월 가라마쓰다케唐松岳

　　　　6월 다니가와다케谷川岳 이치노쿠라一の倉

　　　　여름 다이세쓰잔大雪山 ~ 도카치다케十勝岳

　　　　11월 오쿠호다카다케奥穂高岳, 기타호다카다케北穂高岳

1937년　일월 오쿠닛코奥日光

　　　　5월 료카미산両神山

　　　　6월 시로우마다케白馬岳

　　　　7월 다니가와다케谷川岳 가타즈미カタズミ 암벽

　　　　10월 오쿠치치부奥秩父

　　　　11월 세키로잔石老山

1938년　8월 쓰바쿠로다케燕岳 ~ 야리가다케槍ケ岳

　　　　8월 오쿠마타시로奥又白

　　　　9월 야쓰가다케八ケ岳

1939년　여름 가사가다케笠ケ岳

　　　　오타키야마大滝山

　　　　마에호다카다케前穂高岳, 기타호다카다케北穂高岳, 오쿠호다카다케奥穂高岳

　　　　11월 다니가와다케谷川岳

1940년　8월 가라사와涸沢

　　　　9월 다니가와다케谷川岳 이치노쿠라사와一の倉沢 다키자와滝沢 제2쿨르
와르

　　　　10월 다니가와다케谷川岳

　　　　11월 우라묘기裏妙義

　　　　11월 오쿠치치부奥秩父

1941년　3월 단자와^{丹沢}

　　　　4월 다카네다케^{高嶺岳}

　　　　4월 가시마야리가다케^{鹿島槍ケ岳}

　　　　6월 고나라야마^{小楢山}·겐토쿠산^{乾德山}

小林静子

고바야시 시즈코

여성 산악회 클럽 에델바이스를 창립

고바야시 시즈코小林静子[67]는 처음에는 한신阪神산악회에 들어갔으나, 후지키 구조藤木九三 등의 추천으로 우에다 야스코上田安子 등과 함께 여성들만의 산악회 클럽인 에델바이스를 1935년에 창립하여 간사이関西 지방 산악계의 여성 리더로서 활약했다. 에델바이스는 소모임임에도 북 알프스, 스즈카노사와鈴鹿の沢 스키·등산 등의 활동을 했다. 고바야시는 가와모리 사치코의 일본등고회 멤버들과 당시 간사이의 저명한 클라이머 니무라 쇼이치新村正一[68] 등과 함께 등산 활동을 활발히 하였다. 1938년에는 가와모리 사치코 등과 함께 다키자와滝沢에서부터 기타호다키자와北穂滝沢의 제3능선을 올랐으며 동시에 위성봉의 직등도 해냈다. 1941년 봄에는 니무라와 함께 마에호키타前穂北 능선 제4봉의 정면 벽 마쓰다카松高 루트를 제2등하였다.

여성 등산가로서 고바야시의 활약은 쇼와시대 중반까지 계속된다. 당시 도쿄에 여성 산악회로는 나카무라 데루 등이 창립한 YWCA

---

67 혼인 성씨; 하세가와長谷川, 1914년 오사카大阪 태생.

68 가미코치上高地에 니무라 쇼이치의 이름을 붙인 니무라 다리新村橋가 있다.

벳산[別山]의 암벽을 막 올라간 고바야시
시즈코. 뒤는 쓰루기다케[劍岳]. 1937년 6월.

산악회가 있었지만, 고바야시를 중심으로 한 클럽 에델바이스는 간사이 지방의 여성 등산가 중에서 정예 멤버를 모아 화려한 등산 활동을 전개했다. 이러한 도쿄와 간사이 지방 여성 산악인들의 활약에 힘입어, 일본 산악계에서 여성 등산의 기초가 확립되었다고 말할 수 있다.

1943년에 결혼하여 가마쿠라[鎌倉]로 옮긴 후에는 도쿄의 등산가 다카하시 아키라[高橋照] 등과 함께 간토[関東] 지방 주변의 산을 다녔다.

회원들의 계속된 결혼과, 이사 등 여성 산악인들에게 불가피한 사정이 생기고, 때마침 악화된 전쟁 상황으로 클럽 에델바이스는 1944년에 해산하지 않을 수 없게 되었다. 그러나 불과 10년도 안 되는 짧은 기간에 클럽 에델바이스와 리더였던 고바야시 시즈코의 활약은 여성 등산계에 강한 자극이 되어, 일본 여성 등산사의 기초를 장식할만한 중요한 발자취를 남겼던 것이다.

고바야시는 그의 긴 등산 생활 중 지금도 확실히 기억나는 5개의 풍경이 있다고 한다. '저런 훌륭한 풍경을 보게 된 것만으로도 행복해.' 라고 회상했던 5개를 들어 보면,

첫째. 3월 보름달이 뜬 가시마야리^{鹿島槍}의 가쿠네^{カクネ} 마을

둘째. 3월 보름달이 뜬 쓰루기사와^{剱沢}

셋째. 4월 가라사와^{涸沢}의 새벽 아침놀에 빛나는 주위의 산들

넷째. 7월 아무도 만나지 않았던 구모노타이라^{雲ノ平}

다섯째. 10월 오쿠마타^{奥又}의 연못에서 본 새빨갛게 타오르는 마에호다카^{前穂} 북능의 아침 노을^{Morgenrot}

등산 이력

1929년 8월 다테야마^{立山}

1931년 7월 후지산

1935년 1월 기리가미네^{霧ケ峰}의 주봉 구루마야마^{車山}

　　　　2월 뵤가다케^{鋲ケ岳}

　　　　9월 오쿠다이니치다케^{奥大日岳}

1936년 1월 기리가미네^{霧ケ峰}의 노리쿠라다케^{乗鞍岳}

　　　　3월 하치부세야마^{鉢伏山}, 효노센^{氷の山}

　　　　7월 호다카다케^{穂高岳}(가라사와涸沢)

　　　　12월 쓰루기다케^{剱岳}(눈보라로 인해 덴구다이라天狗平에서 되돌아오다)

1937년 1월 오야마^{大山} 스키 합숙

　　　　4월 오쿠호다카다케^{奥穂高岳}

　　　　5월 스즈카고자이쇼야마^{鈴鹿御在所山}(록클라이밍)

　　　　6월 쓰루기다케^{剱岳} ~ 다테야마^{立山} ~ 고시키가하라^{五色ケ原} ~ 다이라^平 ~ 미나미자와^{南沢} ~ 에보시다케^{烏帽子岳} ~

노구치고로다케^{野口五郎岳} ~ 미쓰마타렌게다케^{三俣蓮花岳} ~

스고로쿠다케^{双六岳} ~ 야리가다케^{槍ケ岳} ~ 호다카다케^{穂高岳} ~

야케다케^{焼岳} ~ 도치오^{栃尾}

11월 센조다케^{仙丈岳} ~ 가이코마가다케^{甲斐駒ケ岳}

1938년　1월 이케노다이라^{池の平}에서 스키 합숙

　　　　2월 간나베^{神鍋}의 소부다케^{ソブ岳}

　　　　3월 쓰루기다케^{剱岳}

　　　　5월 셋피코산^{雪彦山}(록클라이밍)

　　　　8월 호다카다케^{穂高岳}(가라사와涸沢), 코야리^{小槍}

　　　　10월 기타호 다키야^{北穂滝谷} 제3능선의 위성봉 직등

1939년　1월 가라마쓰다케^{唐松岳}(우에다 야스코와 함께)

　　　　3월 고류다케^{五竜岳}, 시라다케^{白岳}

　　　　6월 야리가다케^{槍ケ岳}

　　　　8월 호다카뵤부이와^{穂高屏風岩} 제1쿨르와르

　　　　8월 쓰바쿠로다케^{燕岳} ~ 야리가다케^{槍ケ岳}

1940년　1월 이부키야마^{伊吹山}, 간나베^{神鍋}(스키)

　　　　2월 히라호라이산^{比良蓬萊山}

　　　　3월 효노센^{氷の山}

　　　　4월 다니가와다케^{谷川岳}, 시바쿠라이케^{芝倉池}, 니시쿠로자와^{西黒沢}

　　　　4~5월 호다카^{穂高} 시타마타시로다니^{下又白谷}, 오쿠마타시로다니^{奥又白谷}

　　　　~ 북능선

　　　　9월 스즈키에치^{鈴鹿愛知}강

　　　　10월 노리쿠라다케^{乗鞍岳}

1941년　1월 시로우마다케^{白馬岳} 샤쿠시^{杓子} 능선

　　　　3월 노리쿠라다케^{乗鞍岳}

　　　　5월~6월 기타카마^{北鎌} 능선 ~ 야리가다케^{槍ケ岳}, 마에호키타^{前穂北} 능선

　　　　제4봉의 정면 벽 마쓰다카^{松高} 루트(제2등)

　　　　10월 호다카^{穂高} 오쿠마타시로^{奥又白} 합숙

1942년 3월 니시호다카다케^{西穂高岳}

7월~8월 하야쓰키^{早月} 능선 ~ 쓰루기다케^{剱岳} ~ 다테야마^{立山} ~

야쿠시다케^{藥師岳} ~ 야리가다케^{槍ケ岳} ~ 호다카다케^{穗高岳}

1943년 3월 고류다케^{五竜岳} ~ 가시마야리가다케^{鹿島槍ケ岳} ~ 덴구^{天狗} 능선 ~

가쿠네^{カクネ} 마을

9월 가라사와^{涸沢} ~ 마에호다카다케^{前穗高岳} ~ 에이사와^{A沢} ~

오쿠마타시로이케^{奧又白池} ~ 마쓰다카 쿨르와르

고바야시 레이코

학교 산악부의 조언자

대학 산악부에서 여자의 존재를 말할 때에는 이 고바야시 레이코小林黎 子[69]를 뺄 수 없다. 고바야시는 일본여자대학 산악부 초창기에 활약하 였으며, 졸업 후에도 원로로서 활동을 계속했다.

1920년 도쿄에서 태어난 그녀는 1938년 여름 18살 때, 야쓰가다 케八ヶ岳와 다테시나야마蓼科山에 올라간 후에 산의 매력에 빠졌다. 또한 철 지나서 한적한 오제尾瀬에도 몇 번이고 찾아가 보았다. 그 후에 북 알 프스 등에 산행을 자주 다니면서 산속의 온천 탐방에 흥미를 가지게 되어 온천을 베이스로 등산을 하게 되었다.

오쿠타마奧多摩산악회에도 입회하여 오쿠타마의 산들은 물론이고 남 알프스며 중앙 알프스에도 발을 넓혀 갔다. 반바지 차림으로 산을 걷는 고바야시는 작은 체구였기에 대학 산악부 OG가 되었어도 앳된 모습이 남아 있었는데, 알 만한 사람은 다 알고 있는 준족駿足으로 건각 健脚이었다. 야리가다케槍ヶ岳에서 오쿠호奧穂를 거쳐 가미코치上高地로 가 는 종주는 보통 이틀은 걸리는데, 고바야시는 아주 쉽게 하루를 걸어

---

69   1920 ~ 1991, 혼인 성씨; 이타구라板倉

하코네箱根 센고쿠하라仙石原에서,
오른쪽이 고바야시 레이코小林冷子이다.
1975년 11월경.

오후 4시쯤에는 가미코치에 도착했으며 피로한 기색도 전혀 보이지 않았다고 한다. 또한 북 알프스의 에보시다케鳥帽子岳에서부터 시작하는 부나타테ブナ立 능선의 내리막길을 보통 4시간 걸리는 니고리사와濁沢 합류점까지 1시간 40분 만에 내려올 수 있는, 남자들의 체면을 구길 정도의 빠른 발이었다. 대학 시절에는 쓰루기다케剱岳의 초지로셋케長次郎雪溪를 오르거나 갓산月山의 더욱 힘든 역逆코스로 유도노산湯殿山에서부터 철제 사다리의 난코스를 오르는 등 강인한 체력을 보여 왔었다.

고바야시의 결혼 상대를 중매한 사람은 일본 야생 조류 탐사 모임의 나카니시 고도中西悟堂였다. 모험심이 강한 여성이었지만 동물도 좋아해서 나카니시 고도와 친교가 있었는데, 나카니시가 소개해 준 남성은 그가 '괴물선생'이라고 닉네임을 지어준 준족駿足, 건각健脚의 고바야시 아키라^{小林章}였다. 두 사람의 맞선 산행은 단자와^{丹沢} 미쓰미네산^{三峰山}이었는데, 이때의 두 사람의 걷는 모습은 어땠을까? 준족과 건각을 경쟁하며 눈 깜짝할 사이에 올라갔다가 지체 없이 하산해 버렸을까? 어찌 되었든 두 사람은 1958년에 결혼하여 건각 부부로 각지에 산행을 계속했다. 일본산악회 회원이었으며 일본산악회 부인부 활동도 했다. 도쿄 전국체전의 구모토리야마^{雲取山} 등산 부문에서 등산 코스 시범을 보인 적도 있다. 직업은 도서관 직원으로 1949년에서 1961년까지 일본여자대학 도서관에서 근무했다.

수필이나 기행문을 많이 남겼다. 산악 잡지『산과 고원』,『산과 계곡』,『악인^{岳人}』외에도『요미우리신문^{読売新聞}』등이 그녀의 집필 활동의 주요 무대였다. 여성 등산가로서 행복한 삶을 살다가 1991년 70세의 나이로 서거^{逝去}하였다. 저명한 등산가 이타쿠라 가쓰노부^{板倉勝宣}[70]의 조카이다.

등산 이력

1938년   다테시나야마^{蓼科山}, 야쓰가다케^{八ヶ岳}, 겐토쿠산^{乾徳山}, 오제^{尾瀬},
         오쿠키누^{奥鬼怒}, 닛코시라네^{日光白根}

1940년   야리가다케^{槍ヶ岳} ~ 호다카다케^{穂高岳} 종주
         오쿠치치부^{奥秩父} 종주
         쓰바쿠로다케^{燕岳} ~ 야리가다케^{槍ヶ岳}

1949년   하치조 후지^{八丈富士}

---

70   1897 ~ 1923, 북해도제국대학 재학 중 북해도 산들을 스키로 주파했고, 1922년 다이세쓰잔 大雪山 아사히다케^{旭岳}를 초등했다. 1923년 1월 17일 다테야마^{立山} 등산 중 조난사 했다. 유고 집으로『산과 눈의 일기^{山と雪の日記}』가 있다. 아이거 미텔레기릉을 초등한 마키 유코^{槇有恒} 저서 『산행』에「이타쿠라 가쓰노부^{板倉勝宣}의 죽음」이라는 칼럼이 있다.

료카미산^{両神山}

호다카야마^{武尊山}

1950년 고즈시마^{神津島} 텐조산^{天上山}

1951년 니지마 미야쓰카야마^{新島宮塚山}

기소코마가다케^{木曽駒ケ岳}

시라네산잔^{白峰三山}

중앙 알프스 종주

1955년 단자와^{丹沢} 미쓰미네^{三峰山} (맞선 산행)

1956년 네코다케신^{根子岳} 아즈마야^{四阿山} (신혼 산행)

1957년 렌게^{蓮華} 온천에서 하치가다케^{鉢ケ岳}, 유키쿠라다케^{雪倉岳},
아사히다케^{朝日岳}

가키다케^{餓鬼岳}, 쓰바쿠로다케^{燕岳}

1960년 마키하타야마^{巻機山}

가사가다케^{笠ケ岳} (북 알프스)

1963년 아마카자리야마^{雨飾山}, 아키하산^{秋葉山}(엔슈遠州)

1964년 시미즈도게^{清水峠} ~ 가사가다케^{笠ケ岳} ~ 아사히다케^{朝日岳},
요모하라야마^{四方原山}

오시로모리^{大白森} ~ 후타마타야마^{二岐山}, 다시로야마^{田代山}(아이즈会津)

1968년 아라사와다케^{荒沢岳}

1972년 스카이산^{皇海山}, 센토보시야마^{千頭星山}

1978년 렌게다케^{蓮華岳} ~ 기타쿠즈다케^{北葛岳} ~ 나나쿠라다케^{七倉岳}

가사토리야마^{笠取山}

1979년 하카세야마^{博士山}(아이즈会津)

기타 여성 등산가들

이상으로 일본 근대 여성 등산의 선구자 9명을 게재하였다. 현대의 기준으로 보면 아무 것도 아닌 산행과 코스일지라도 당시에는 그것을 해내기까지 나름대로 대단한 노력을 했을 것이다.

이분들의 족적을 바탕으로 현재의 등산이 무척 수월하게 된 것이다. 여기에 게재한 분들 중에는 지금도 활동하고 계시는 분, 가정에 들어가신 분, 그 후에 등산을 떠나 다른 분야에서 활약하고 계시는 분, 돌아가신 분 등이 있지만 여하튼 이분들은 전쟁 전, 소위 근대 여성 등산의 여명기를 장식한 사람들이라고 말할 수 있다.

그 외에도 이른바 등산계에 몸을 담고 있지는 않지만 등산을 즐기는 여성들이 많이 있다. 여기에서는 사회 활동을 하고 있는 여성들 중에서 역시 등산에 뜻을 둔 여성들을 알 수 있는 범위 안에서 적어 두기로 한다.

다케하라 한武原はん, 1903-1998

지우타마이地唄舞에 사는 무용가 ◦ 1903년 출생. 30대부터 신앙등산을 위해 매년 빠지지 않고 기소온다케木曽御岳山에 올랐다. 89세인 지금도 지우타마이에서 산행의 일인자로서 활약하고 있다.

다나카 지요田中千代, 1906-1999

복식服飾 디자이너 ◦ 1906년 출생. 18세 때 다나카 가오루田中薫, 전 고베대학 교수, 동 대학 산악부 부장와 결혼하여 4년간 영국, 스페인, 프랑스, 스위스 등으로 유학하면서 복식服飾을 연구하는 한편, 겨울에는 각지의 스키장을 방문해 스키·등산을 하였다. 귀국 후 다나카 지요 복식전문학교를 설립했다. 주로 스키·등산을 하였고, 일본에서는 세키関, 쓰바메燕 스키장 등에서 강습회의 지도 강사로 근무했다.

다나카 스미에田中澄江, 1908-2000[71]

극작가·식물 연구 등산 ◦ 1908년 출생. 현재 84세로 지금도 극작가로 활약하고 있으며, 고수회高水会라는 식물 애호 여성의 그룹을 주관하고 있다. 식물 연구를 주목적으로 각지의 산을 등산하며 수많은 기행문과 수필을 발표하고 있다. 전국에 강연 여행을 가는 한편, 현지의 산들을 답사하여 그 기록을 정리한『꽃의 100명산花の百名山』외 다수의 저서가 있다.

야마자키 에이코山崎映子

오야마大山 스키 지도자 ◦ 1915년 출생. 호키다이센伯耆大山의 정상 산

---

71   『다나카 스미에田中澄江 회곡전집』전 2권 1959·白水社

장 관리인이기도 하며 오야마에서 활약했다. 스키계의 여류 제1인자이며, 젊은 시절에는 일본산악회에서 개최한 규슈 전국체전의 구주九重 등산에 참가했다. 현재는 오야마 산록山麓의 오야마테라마치大山寺町에 살고 있으며 77세로 건재하다.

요쓰야 후미코四家文子, 1906-1981

성악가 ◦ 알토 가수로 유명했다. 주로 스키·등산을 하였고, 동시대의 이마이 기미코今井喜美子 등과 스키 동료였다. 음악회에서 듣는 알토 가수 요쓰야 후미코의 노래는 성량이 풍부하기로 유명했다. 체격 좋은 당당한 모습이 신문에 자주 실렸으나 서거한 지가 벌써 오래된다.

사와 도모코沢智子

성악가 ◦ 요쓰야 후미코와 함께 성악가로서 유명했다. 도쿄음악학교현 도쿄예술대학 교수였으며, 1933년 1월 2일 기타호다카다케北穂高岳를 동절기에 여성으로서 초등하였다. 그 다음날에는 오쿠호다카다케奥穂高岳를 등정하였다. 그 전년 8월에는 호다카다케穂高岳 위성봉과 마에호다카前穂高 북능선에 오르고 야리가다케槍ケ岳 종주를 하였으며, 9월에는 묘진다케明神岳, 호다카다케穂高岳 등에 올랐다. 당시의 록클라이밍 사진이 신문에 실려 여성 등산가의 선망의 대상이었다. YWCA산악회, 일본산악회에 소속되어 있었다.

도무라 아이코戸村愛子

저널리스트 ◦ YWCA산악회에서 나카무라 데루 등의 등산 동료들과 함께 활약했다. 아사히신문사 편집부에서 출판 업무에 종사하며, 편집한 단행본도 많이 남겼다. 문예 분야에서도 활약했다.

모리 이즈미森いづみ

등산과 스키 산악서 편집장 · 산악도서 출판사로, 뛰어난 도서와『산장山小屋』,『산과 고원』등 산에 관한 잡지를 많이 출판한 메몬도明門堂의 편집장으로 일하면서, 메몬도 등산·스키협회의 기획과 산행 지도자로서 활약했다. 스키며 등산을 한 지도 오래되며, 스키와 등산에 있어 훌륭한 지도자였다. 메몬도의 니지마新島 사장 사후에는 협회의 사무소를 도쿄 유라쿠초有楽町의 교통회관으로 옮겨 가라사와涸沢 산장山小屋 등을 경영도 하였으나, 만년에는 아마카자리雨飾 산장의 관리인으로 근무하다가 현재는 병으로 도쿄의 나카노中野에 돌아와 있다.

아베 요시노阿部よし乃

식물 연구가 · 1904년 오사카 출생. 나라여자고등사범학교奈良女高師 시절 식물에 흥미를 가져 여러 산지山地로 식물 채집 산행에 나섰다. 아버지가 고등사범을 졸업하고 지질 연구를 하고 있었기에 아베 요시노가 산에 오르는 것을 이해해 주었다. 아버지와 함께 금강산金剛山과 이코마야마生駒山에 오른 것이 최초였다. 나라여자고등사범에서 1915년 7월에 제1회 후지산 등산을 할 때 참가하였고, 그 후에도 뜻이 있었기에 후지산 등산에 매년 계속해서 참가했다. 참가자는 엄격한 체력 검사를 받아 제1회 때는 10명밖에 못 올라갔다. 1919년의 기리시마산霧島山 등산 때도 여성은 4, 5명밖에 되지 않았다 하니, 당시의 여성 등산객은 극히 소수였다. 1926년 4월에 부립제4고등여학교府立第四高女의 교직원이 되고 난 뒤에도 그 다음해부터 학생과 동행하여 후지산을 등산했다. 나라여자고등사범의 학생 시절에는 미에현三重県의 고자이쇼다케御在所岳에 올라 1주일간 머물면서 식물 연구를 한 적도 있다. 식물 연구를 목적으로 등산한, 개척자적인 여성이었다. 관서関西 출신이지만 현재는 도쿄에 살고 있다.

이상으로 근대 등산의 여명기를 장식한 여성들의 장章을 마치지만, 마지막으로 이 책의 저자인 사카쿠라 도키코坂倉登喜子 본인에 관해서도 언급해 두기로 한다.

사카쿠라 도키코坂倉登喜子

1910년 도쿄 니혼바시日本橋 출생. 사카쿠라가 산행을 시작한 것은 다이쇼大正시대에 해당하는 초등학교 시절이었다. 아버지 슈료狩猟를 따라 산과 들을 뛰어다녔다. 1927년 17세에 일본전기日本電気에 입사하여 직장 산악회의 회원이 되었으며, 그때 여성 회원은 2명밖에 되지 않았지만 모임의 산행에는 적극적으로 참가하여 동절기에 다니가와다케谷川岳에도 갔다. 전쟁 전의 등산 붐은 1937-38년이었지만, 그때는 산의 가이드북을 쓰기 위해서 거의 매주 도쿄 근교의 산들에 관한 취재에 나섰다.

전쟁 후에는 일본교통공사에 입사하여 거기에서도 직장 산악회에 들어가고 일본산악회에도 가입하였다. 처음으로 3000m 급의 산에 오른 것은 1947년의 일이었다. 이때에는 가라사와涸沢에서 10일 동안

야쓰가다케^{八ヶ岳} 정상에서의
사카쿠라. 1957년 1월.

합숙하며 오쿠호다카^{奥穂高}, 기타호다카^{北穂高}, 위성봉 등을 등산했다. 호다카^{穂高} 산장에 묵었을 때 주타로^{重太郎} 아저씨가 빗물로 목욕물을 끓여 주었고, 아주머니는 맛있는 전병을 만들어 주었다. 잊을 수 없는 추억이다. 이때는 계속해서 나카무라 미노루^{中村実}의 안내로 시로우마다케^{白馬岳}를 올랐으며, 야리가다케^{槍ヶ岳}, 쓰루기다케^{剱岳} 등 북 알프스의 주요 산들은 30대에 거의 올라가 볼 수가 있었다.

이때 즈음 대학 산악부에 여성의 입회를 까다롭게 하는 분위기가 이어져서 심지어는, 반더포겔^{Wandervogel}을 하더라도 남녀 혼성 등산에는 여러 가지 문제가 따른다는 인식이 확산되었다. 사카쿠라는 이때부터 여성 등산 관련 일이나 여성 후진^{後進}의 지도를 열심히 하게 되었다. 1949년 일본산악회 부인부^{婦人部} 창립에 협력하고, 1955년에 여성들만의 산악회 에델바이스 클럽을 창립하였다.

사카쿠라는 1935년 다니가와다케^{谷川岳}에서 에델바이스를 보고, 에델바이스야말로 여성 등산의 심벌로 가장 잘 어울리는 꽃이라고 믿어 그 매력에 사로잡혀 버렸다. 올해^{1992년}로 벌써 16회째가 되지만, 매년 유럽 알프스의 에델바이스를 찾아가는 알프스 투어의 리더 역할도 하고 있다.

팔십이 넘어서도 아직 등산과의 인연을 끊지 않고 평생 현역으로 매월 3~5회는 등산을 계속하고 있다.

저서

『에델바이스의 시詩』^{茗溪堂, 1976년}

『여성을 위한 100명산』^{산과계곡사, 1990년}

『관동^{関東} 주변 산과 토속주 여행』

등산 이력

1924년   이부키야마^{伊吹山}

　　　　 이부키야마^{伊吹山} 스키

1935년   다니가와다케^{谷川岳}

1937년~1945년   도쿄 주변, 조신에쓰^{上信越}, 지치부^{秩父}, 단자와^{丹沢} 등

1948년   후지산, 아마기산^{天城山}, 미쓰도게^{三ツ峠}, 아시타카야마^{愛鷹山}, 겨울 후지산

1947년~1992년   야쿠시다케^{薬師岳}, 수이쇼다케^{水晶岳}, 아카우시다케^{赤牛岳}, 구로베고로다케^{黒部五郎岳}, 시로우마다케^{白馬岳}, 고류다케^{五竜岳}, 가시마야리가다케^{鹿島槍ヶ岳}, 야리가다케^{槍ヶ岳}, 호다카다케^{穂高岳}, 쓰루기다케^{剱岳}, 다테야마^{立山}, 노리쿠라다케^{乗鞍岳}, 스고로쿠다케^{双六岳},

미쓰마타렌게다케^{三俣蓮花岳}, 가사가다케^{笠ヶ岳}, 가스미자와다케^{霞沢岳},
조넨다케^{常念岳}, 가라마쓰다케^{唐松岳}, 온다케산^{御岳山},
기소코마가다케^{木曽駒ヶ岳}, 구리코마야마^{栗駒山}, 야케이시다케^{燒石岳},
이와테^{岩手山}, 하야치네산^{早池峰山}, 고마가다케^{駒ヶ岳(아키타秋田)}, 갓산^{月山},
조카이산^{鳥海山}, 자오산^{蔵王山}, 아즈마산^{吾妻山}, 아다타라야마^{安達太郎山},
다이세쓰잔^{大雪山}, 리시리다케^{利尻岳}, 레분다케^{礼文岳}, 도카치다케^{十勝岳},
기타다케^{北岳}, 이데산^{飯豊山}, 미카구라다케^{御神樂岳},
사도킨포쿠산^{佐渡金北山}, 스몬다케^{守門岳}, 아사쿠사다케^{浅草岳},
나카노다케^{中ノ岳}, 핫카이산^{八海山}, 히라가다케^{平ヶ岳}, 묘코산^{妙高山},
구로히메야마^{黒姫山}, 나스다케^{那須岳}, 오쿠닛코^{奧日光}, 오제^{尾瀬},
야쓰가다케^{八ヶ岳}, 기타야쓰가다케^{北八ヶ岳}, 구주산^{九重山}, 아소산^{阿蘇山},
야쿠시마 미야노우라다케^{屋久島宮之浦岳}, 하쿠산^{白山}, 오야마^{大山},
이시즈치산^{石鎚山}

1966년 페루 안데스

1975년 네팔 히말라야 랑탕 계곡

1979년 캐나디안 로키

1985년 인도 핀다리^{Pindari} 계곡

1990년 부탄 히말라야

1991년 네팔 히말라야

1977년~1992년 유럽 알프스

제4장

사회인 등산

학교 등산과 견줄 만한 것으로 사회인 등산이 있다. 이것도 다시 분류해 보면 일반 산악회와 지역 산악회로 분류할 수 있다. 일반은 글자 그대로 일반임에 반해 지역은 직장이나 근무지 직원들로 구성된 산악회이다. 여성의 등산도 주로 이 사회인 등산의 범주 안에서 전개되었다.

그중에 여성만의 산악회가 있는데, 여성만의 산악회가 만들어진 이유는 두 가지가 있다. YWCA산악회처럼 처음부터 여성만의 모임에서 생겨난 것이 그 첫 번째이다. 이것은 여자고등학교의 졸업생으로 이루어진 모임과 같은 경우이다.

다른 한 가지는 남녀 혼성의 일반 산악회에 속해 있는 여성은 남성에게 의지하기가 쉽기도 하고, 여성들 대부분이 자기 자신의 역량을 발휘하기가 어렵다는 등의 이유로 여성들이 독립하여 만든 모임이다. 초기에는 이러한 유형이 많았으나 점차 처음부터 여성만의 모임으로 만들어지는 경우가 많아지고 있다.

여성들만의 모임의 단점으로는 여성이 체력적으로 약하기 때문에 필요한 일을 충분히 할 수 없다는 점과 체질이나 성격 등에서 다소 한

쪽으로 치우치는 경향이 있을 수도 있다는 점을 들 수 있다. 그러나 그런 것들을 고려하더라도 여성들의 독립심을 높이거나 수준 높은 등산을 위해, 혹은 다양한 회원들을 확보할 수 있다는 점에서 그 장점도 크다. 1965년 전후에는 이러한 생각을 가진 여성들이 전국의 여성 등산 애호가에게 호소하여 그 당시에는 그런 생각을 가진 여성이 아직 많지 않았기 때문에 교류를 도모하고, 보다 높은 수준의 등산을 목표로 하는 회합을 자주 가졌다. 나중에 해외 등산에서 활약하게 되는 '동인同人 융프라우' 같은 여자 등반 그룹도 이러한 배경과 사고방식에서 생겨났다.

지금부터는 여성 산악회와 남녀 혼성 산악회를 알아본다.

여성 산악회

＊도쿄 YWCA산악회

1931년 초반, 나카무라 데루를 중심으로 발족한 일본에서 처음 생긴 여성들만의 산악회이다. 당초의 회원은 12명, 그 후에 도무라 아이코 등이 들어와 40명 정도로 매월 2, 3회의 산행을 가졌으며, 남 알프스 종주 등을 실행하였다. 나카무라는 1937년까지 회장을 맡았다. 주요 회원은 다케요 시게코竹容しげ子, 미타三田 요시코好子·마사코正子 자매, 하루키 지에코春木千枝子, 사사키 가세코佐々木喜瀬子 등이다. 이들 중 미타 자매는 1934년 1월 도쿄철도국의 스키·산악부 부원 4명과 함께 아사마야마浅間山의 계곡에서 눈사태로 조난당했다. 이 사고가 스포츠 등산으로서는 여성 최초의 산악 조난 사고였다.

　전쟁 후에 이 산악회는 자연 소멸되어 없어졌지만, 당시의 회원들에 의해 '가자와鹿沢위원회'라는 것이 만들어져 산장을 운영하고 있으며 지금도 가끔씩 스키·등산 등을 실시하고 있다.

　기관지『산』은 4호까지 발행되었으며, 호외號外로 미타 자매의 추도호가 발행되었다. 현재 당시의 회원이었던 가네코 교코金子恭子, 유희 지

가이코마가다케甲斐駒ケ岳 정상에서. YWCA산악회의 제1회 나쓰야마夏山 등산, 나카무라 데루(뒷줄 왼쪽 끝), 하루키 지에코(뒷줄 오른쪽 두 번째), 미타 요시코(오른쪽 네 번째). 1932년 7월 30일.

요曲比千代 두 사람을 중심으로 YWCA산악회의 역사를 정리하고 있다.

*클럽 에델바이스

1935년 오사카 아사히신문사의 후지키 규조藤木九三, 동 신문사 학예부의 구노 시게코隅野しげ子[72] 등의 추천으로 하세가와 시즈코長谷川静子, 우에다 야스코上田安子 등 12-13명의 여성으로만 발족한 간사이関西 지역의 모임이다.

여름의 북 알프스 종주, 동절기 고타테야마後立山, 스즈카鈴鹿 에치愛知강의 계류 등반과 각지에서의 스키 합숙 등을 실행해 왔지만, 1943

---

72   혼인 성씨; 야마시타山下

년에 해산했다. 그때의 회원은 20명 정도였다.

회원인 하세가와 시즈코는 개인 산행이지만, 호다카穗高의 병풍암, 마에호愛知 북능선 제4봉의 마쓰다카松高 루트, 기타호 다키야北穗滝谷 제 3능선 등 수많은 암벽등반 루트를 올랐으며, 또한 우에다 야스코도 쓰루기다케劔岳 암봉 등 수많은 산들을 등반했다. 우에다 야스코는 현재 디자이너로 활약하고 있다.

＊에델바이스 클럽

전후戰後에 창립되었지만, 여성들만의 산악회로서 지금도 활약 중인 모임이다. 1955년 사카쿠라 도키코坂倉登紀子에 의해 창립되었다. 일본산악회의 야마시타 가즈오山下一夫, 산과계곡사의 가와사키 다카아키川崎隆章[73] 두 분을 고문으로 하여, 산악회로서 활약을 시작하여 37년이 되었다.

산행은 37년간 3,000회에 이른다. 해외에는 1966년 5월 페루 안데스의 카우야라후봉Caullaraju, 5,636m, 1975년 10월 네팔 히말라야의 랑탕 계곡에서 간자라Gangja La까지의 트레킹, 1980년 7월 캐나디안 로키, 1985년 9월 인도 가르왈 하말라야의 핀다리 빙하 트레킹, 1990년 부탄 트레킹, 1991년 히말라야 샨보체와 고쿄피크 등산을 실시했다.

1992년 현재 회원은 370명, 연 인원 1,750명으로 이 모임에 적을 둔 여성 등산가도 많이 있다.

---

73   1903 ~ 1979, 와세다대학 졸업. 「바위와눈」 초대 편집장으로 일본등산학교를 설립했다.

*BUSH산악회

1956년 4월, 동호인 11명으로 발족하여 남북 알프스를 자주 등반하고 있다. 1960년에는 이 모임 회원을 중심으로 인도 히말라야에 원정하여 데오티바^{Deo Tibba, 6,001m}에 올랐다. 또한, 1972년에는 안데스의 와스카랑 남봉^{Huascaran 南峰, 6,768m} 및 초피칼키^{Chopicalqui, 6,400m}를 등정하였고, 1983년에는 히말라야의 투쿠체피크^{Tukuche Peak, 6,920m}에 6명이 원정하여 등정에 성공하였다.

회장을 두지 않는 대표^{1992년 현재 야마토 히사코山本久子} 체제이며, 정례 산행은 연 13~20회이고, 여름과 겨울에는 합숙을 실시하고 있다.

*동인^{同人} 융프라우^{ユングフラウ}

1965년 결성. 1968년 3월~7월 터키, 힌두쿠시의 이스토르오날^{Istor-o-Nal} 록 피너클^{Rock Pinnacle, 7,200m}을 등정하였다. 1974년에는 마나슬루^{8,156m}를 등정했는데 이는 여성 최초로 8,000미터급 등정에 성공한 것이다. 1982년, 1983년에는 서북^{西北} 네팔에 들어갔다. 창라^{Changla, 6,721m}는 6,300m에서 단념했지만 학술 조사를 실시하였다.

*여자 등반클럽

1969년 결성. 해외 등산을 목표로, 1970년 안나푸르나3봉^{7,555m}에 9명이 참가하여 2명이 등정하였다. 1975년에 에베레스트에 원정하여 다베이 준코^{田部井淳子}가 여성으로서 초등하였으며, 1981년에는 다베이가 시샤팡마^{8,027m}를 등정하였고, 1988년에는 가셔브룸2봉^{8,035m}에 하시모토 시오리^{橋本しおり} 대장 이하 11명이 원정하여 5명이 등정에 성공하였

다. 또한 1990년 10월 다울라기리1봉[8,167m]에 야스하라 마유리[安原真百合], 기무라 후미에[木村文枝]가 등정하였다.

＊여자 설빙[雪氷]클럽

1973년 3월 결성. 군마현[群馬県]에 본거지를 두었다. 이름 그대로 암벽이나 빙벽을 목표로 하고 있다. 처음 2년간은 남성인 다나카 시게유키[田中成幸]의 지도하에 산행을 하였으나, 그 후의 주요한 산행은 이치노쿠라 미나미료[一ノ倉南稜], 유노사와[幽ノ沢]의 V자 형 암벽, 이치노쿠라[一ノ倉] 중앙 칸테[Kante], 마에호다카[前穂高] 4봉 정면 벽, 마쓰다카[松高], 메다이[明大]의 각 루트, 쓰루기다케[剱岳]의 얏쓰미네[八ツ봉] 등이며, 그 외에도 묘기산[妙義山] 부쓰노사와[仏ノ沢], 오케키자와[桶木沢] 미기마타[右俣] 빙벽 등이 있다.

1980년 9월~10월에는 회원 5명과 다카사키[高崎]에 있는 근로자산악회[勤労者山岳会] 회원 2명이 함께 군마 강고트리[群馬, Gangotri] 등산대를 조직하여, 바기라티2봉[Bhagirathi, 6,512m][74]을 동면[東面]으로 2명이 등정했다. 기관지『눈[雪]』을 발간하고 있다.

＊오카리나산악회

1945년 지바[千葉] 현립[県立] 지바여자고등학교의 졸업생들이 만들었다. 전후 비교적 이른 시기에 창립하였고, 여성 산악회의 문제점 등에 대해 깊이 연구하고 있다. 그 내용은 사회적 환경, 여자고교 산악부의 쇠락, 리더 양성의 어려움, 등산과 연령 등이다. 산행은 남 알프스, 중앙 알프스, 북 알프스의 종주 등이 많고, 나가노현[長野県] 산악협회 주최의

---

74 인도 서부 가르왈 히말라야에 있다. 1봉6,856m, 2봉6,512m, 3봉6,454m.

전국 여자 등산객 강습회에 긴밀히 협력하고 있었는데 최근에는 활동
이 저조하다.

이들 모임 외에도 후쿠시마福島 현립県立 아사카安積여자고등학교 졸업생
으로 구성된 「미노와카이みのわ会」가 1956년에 창립되어 눈에 띠지는 않
지만 활동을 하고 있다.

　　이상으로 여성들만의 모임을 살펴보았다. 다음은 남성과 혼합된
산악회 중에서 역사가 긴 모임에 한해서 살펴보겠다.

남녀 혼성 산악회에서의 여성

*일본산악회

1905년에, 영국산악회보다 약 반세기 늦게, 일본 최초의 산악회로 탄생했다. 일본에는 다른 산악회가 없었기 때문에 처음에는 그저 '산악회'라는 이름이었다.

앞에서 이야기한 바와 같이 여성 회원 제1호는 1906년 3월 초에 입회한 노구치 유카野口幽香였다. 다음 해에 2명, 그다음 해에 2명, 1916년에도 2명의 여성이 입회하였다. 그 무렵 총 회원 수가 1,079명이었으므로 그 희소가치를 잘 알 수 있다. 여성이 회원이 될 때에는 어떤 과정을 거쳤을까? 봉건색封建色이 짙은 시대였기 때문에 확실하지는 않지만, 어찌 되었든 간에 남성과 동격인 회원이 생겼다는 것에 우선 주목하고 싶다. 참고로, 영국산악회에 여성이 들어간 것은 지금으로부터 불과 20여 년 전인 1970년경이었다. 영국은 일본보다 여성을 배제하는 분위기가 심한 면이 있다.

현재까지 기록으로 남아 있는 쇼와昭和시대 여성 회원 제1호는,

1932년 회원 번호 1,373번[75]인 사와 도모코沢智子이다.

이 산악회는 일본에서 가장 전통 있는 산악회로, 지금도 산악계에서 중요한 역할을 하고 있다. 현재[1992년]의 회원은 4,600명, 그중 여성 회원은 약 500명 남짓으로 겨우 1할을 조금 넘긴 수준이지만, 많이 발전한 것으로 봐도 무방할 것이다.

1949년, 그때 즈음 일본산악회 내에 도쿄지부가 있었으며 거기에 부인부婦人部가 생겨, 그것이 현재 일본산악회 여성 간담회로 이어지고 있다. 부인부 창설 당시에는 아직 여성들의 등산 수준이 낮았기 때문에 학교 산악부며 직장 단체 산악부의 여성들과 횡적으로 연락을 취하며 수준 향상에 노력을 거듭해 왔다.

무라이 요네코村井米子, 이마이 기미코今井喜美子, 가와모리 사치코川森左智子의 지도하에 사카쿠라 도키코坂倉登紀子가 주도적 역할을 하여, 매월 집회와 산행을 실시해 왔다. 전국체전 참가와 미쓰도게三ツ峠에서의 암벽등반 강습회, 문부성과 공동으로 개최한 다테야마立山 여자 등산 지도자 연수회 외에도 외부 강사를 초빙하여 등산 교육을 목적으로 한 세미나를 열었다. 이 세미나는 지금도 이어지고 있다.

해외 등산은 인도의 여성 등산가와 합동으로 4회 정도 인도 히말라야에 원정했다. 1966년에 카일라스[Kailas, 6,656m], 1976년에 인도 카메트[Kamet, 7,756m(이때는 아비가민Abi Gamin, 7,355m에 오름)] 그리고 합동대合同隊는 아니지만 1980년에 인도 여성 1명이 참가하여 케다르나트 돔[Kedarnath Dome, 6,831m]에 등정했다.

---

75 입회 순으로 회원 번호를 매기고 있기 때문에 그녀는 1,373번째의 회원이다.

최근에는 1988년 여름, 인도 히말라야 시바^{Shiva, 6,142m} 등반에 13명이 참가했다.

＊히다^{飛驒}산악회

앞의 일본산악회와 1907년 창립된 엣추^{越中}산악회에 이어 세 번째 오래된 모임은 히다^{飛驒}산악회이다. 노리쿠라다케^{乗鞍岳}, 기소온다케^{木曽御岳}, 하쿠산^{白山} 등이 가깝고 일본 알프스의 이름을 지은 영국인 고우랜드^{William Gowland76}와 같은 영국인 선교사 웨스턴^{Walter Weston77} 등의 내외국인들이 일본의 산을 등산하는 것에 자극을 받아 자기들도 산에 오르고, 또한 현지의 산들을 외부에 소개하여 등산 분위기를 높이고자 기후현^{岐阜県} 오나다무라촌^{大名田村}의 부 촌장 이야마 요시^{飯山義}, 오자카^{小坂} 초등학교 교장 기치세 쓰루노스케^{古瀬鶴之助} 등 16명이 발기인이 되어 1908년 8월에 창립하였다. 그 당시의 회원은 85명이었다.

1914년에 일본산악회 창립자 중의 한 사람인 고지마 우수이^{小島烏水}를 초청하여 강연회를 열었을 때는 300명이나 참가할 정도로 왕성하게 활동하였으나 잠시 활동이 저조해지기도 하였다. 1919년에 히다산악회 활동의 저조를 비판하면서 산토클럽^{山刀倶樂部}이라는 것이 생겨 스

---

76 1842 ~ 1922, 영국학사회 회원, 영국 왕립런던광산학교 명예교수, 1872년 오사카 조폐국에 주화제조 전문가로 취업하여 1888년까지 16년간 근무했다. 또한 일본 각지의 유적을 조사하고, 일본 미술과 금속공예에 관한 연구도 했다. 아마추어 선사시대 유적과 고고학 전문가로서 일본 고고학 연구 논문이 다수 있고, 『일본고적문화론』을 펴냈다. 일본 고고학의 아버지라 불린다.

77 1860 ~ 1940, 선교사. 일본 등산의 아버지로 불리며, 매년 5월 가미코치에서 웨스턴의 날을 정해 기념하고 있다. '일본 알프스'라는 명칭을 서구에 알렸다. Mountaineering and Exploration in the Japanese Alps¹⁸⁹⁶를 발간하여 일본의 산들을 처음으로 서구에 소개하고, 일본산악회 창립 시 주도적 역할을 했다.

고로쿠다니双六谷를 탐색하는 등 적극적으로 산행을 실행하였다. 그 즈음에 동계 등산에 여성 3명이 참가하였다는 기록도 있다.

산토클럽은 2년 만에 해산되었지만 이것은 발전적인 해산이었던 것 같다. 왜냐하면 그동안 유명무실했던 히다산악회가 이번에는 생활 근거지로서의 필요성 때문에 히다 전역의 역과 마을에 있는 관공서들과 제휴하게 되었고, 거기에 산토클럽의 산에 대한 역량을 합쳐서 신생 히다산악회로 재출발하였기 때문이다.

그 후 이 모임의 활동은 대단히 활발해졌다. 1927년에는 노리쿠라다케乗鞍岳에 피난용 산장을 세워 운영하기 시작했으며 여러 산에 등산로를 만들고 안내판을 세웠다. 그밖에도 팸플릿이며 그림엽서를 작성하고, '알프스 부채'라고 하여 산의 안내도를 인쇄한 부채를 만들어 산을 소개하는 데 힘쓰고 있다.

여성 등산에 관해 말하자면, 1942년 여름 노리쿠라다케乗鞍岳 등산에 21명 중 여성이 13명 참가하였고 다음 해 2월의 스키산행에는 10명 중 2명의 여성이 참가한 것이 눈에 띤다. 이것은 전시戰時라는 특수 사정에 따른 것이겠지만, 동년 8월의 야리가다케槍ヶ岳, 호다카다케穂高岳의 등산로 정비에 요쓰 야와코四谷和子, 시모지 다미코下地民子 등 2명이 참가한 것은 부각되어 마땅하리라.

이처럼 히다산악회는 전쟁 전에는 현지 산의 개발과 소개에 중점을 두었고 전후가 되어서 등산에 전념하게 되는데, 시작 무렵에는 전국체전 스키부의 현県 예선전을 개최하는 등 지역 활동도 하고 있다.

1985년 현재 회원 89명 중 여성 회원은 9명이다.

*도시바東芝산악회

1916년 도시바의 전신前身 시바우라芝浦제작소 때 시바우라산악회로 발족하였다. 1939년 회사 이름이 바뀌었고 산악회도 1947년에 도시바 산악회로 이름을 변경하였다. 1963년에 도시바산악회 하마카와사키浜川崎 공장 산악부도 생겼다. 이 둘은 같은 산악회이다.

1918년에 가스카와粕川라는 여성이 입회하여 데야마低山 등산이나 스키 외에 야쓰가다케八ケ岳, 봄의 후지산 등에 다녔다. 다이쇼大正 말末에는 우치야마 하루内山はる가 입회하여 봄의 후지산, 시로우마다케白馬岳와 가라마쓰다케唐松岳에서 스키·등산을 했다. 그녀는 1931년에 생긴 일본등고회日本登高会에도 가입했다. 오하시 노부코大箸喜子와 시라이 도키코白井登喜子도 전쟁 전에 입회하여, 시라이는 전후戰後 다니가와다케谷川岳 이치노쿠라사와一ノ倉沢 제2쿨르와르 등을 올랐다. 또한 쇼와昭和 30년1955년에는 이치노쿠라사와一の倉沢 다키자와滝沢 하부 다이렉트 루트를 등반한 여성도 있다.

*일본등고회日本登高会

1930년에 오노자키 료조小野崎良三 등이 도쿄에서 창립했다. 처음에는 오쿠다마奥多摩, 미쓰도게三ツ峠 등산 등을 하고 있었지만, 점차 야쓰가다케八ケ岳나 다니가와다케谷川岳, 쓰루기다케剱岳, 호다카穂高 연봉連峯 등으로 활약의 무대를 넓혀 갔다.

여성의 입회는 1931년에 2명을 시작으로, 아오키 미요青木美代, 가와모리 사치코川森佐智子, 하루키 지에코春木千枝子, 야마네 사다에山根貞江 등의 회원이 있었으며, 특히 가와모리는 1936년 마에호다카前穂高 북능선

4봉의 일본등고회 루트 개척에 참가했다. 『조에쓰^{上越}의 산』을 간행하였으며, 『도코^{登高}』, 『가이호^{会報}』 등의 회보를 내고 있다.

＊도쿄아루코우^{東京アルコウ} 회

처음에는 여행 클럽으로 1921년에 발족하였으나, 1930년부터 등산을 시작하여 이해에는 남북 알프스와 후지산의 7개 코스를 원정했다.

1937년에 부인부^{婦人部}가 생기고, 이해에 야스카와 유리코^{安川百合子} 등이 북 알프스 종주 등을 실행하였다. 이 모임은 전쟁 후 바로 활동을 재개하여 여성들도 많이 참가하고 있다.

＊요코하마^{横浜}산악회

1930년에 창립하였다. 주로 요코하마^{横浜} 근교 사람들의 모임이지만, 그해 8월에는 다케바야시 마쓰다이^{竹林松代}라는 여성이 이미 입회하였고, 그해가 가기 전 다른 여성 3명이 더 들어왔다. 1931년에 5명, 32년과 33년에 각 1명이 초기 입회 여성 회원들이다. 그녀들의 산행 활동은 각각 쓰바쿠로다케^{燕岳}나 조넨다케^{常念岳}에서 야리가다케^{槍ヶ岳}나 호다카^{穂高}로의 종주, 지가다케^{爺ヶ岳}에서 하리노키다케^{針ノ木岳}, 야쿠시다케^{薬師岳}, 혹은 하리노키다케^{針ノ木岳}를 넘어 다테야마^{立山}, 쓰루기다케^{剱岳}, 남 알프스 종주, 동절기의 가라마쓰다케^{唐松岳} 등산 등이 있는데, 그때에는 일부 가이드와 동행한 등산도 있었지만, 5일에서 13일간의 긴 산행에도 참가하고 있다. 그 당시에도 비교적 긴 휴가를 낼 수 있었던 사람도 있었던 모양이다. 산악회의 산행 횟수도 많고 활발한 활동을 하고 있다. 덧붙여 말하면, 창립 당시부터 1980년 2월까지 전쟁 기간을 포함한

50년간에 산행은 2,421회, 참가 인원은 연 18,622명이다.

요코하마산악회는 동절기의 페테가리다케^{ペテガリ岳}를 비롯하여 각지에 산행을 많이 하고 있다. 해외 등산도 많아서 1966년 일본·그루지아 우호 등산에 우치다 마사코^{内田昌子78}가 참가했으며, 1979년 카라코람 스캄리$^{Skamri, 6,736m}$ 초등정에 아오야기 토모코^{青柳知子}, 시바타 준코^{柴田淳子}, 후루사와 노부코^{古沢宣子} 일행이 참가했고, 1986년 3월 파키스탄 치링 동봉$^{Chiring 東峰, 약 6,000m}$ 원정대에도 아오야기 등 3명의 여성이 참가했다. 전쟁 전부터 산악회의 위원 등에도 여성들이 활약하고 있었다.

1985년 현재 회원은 158명, 그중 여성 회원은 33명이다.

＊도쿄도청^{東京都庁} 체육회 산악부

1918년에 여행 모임으로 출발하여 1931년에 도쿄시 산악부가 되었다. 그 당시 도쿄의 직장 산악회로서는 그 외에 미쓰비시^{三菱}와 도쿄철도국 정도가 있었던 것 같다.

아오키 미요^{青木美代}는 창립 위원의 한 사람이었고, 당시 그녀 외에도 여러 명의 여성 부원이 있었다.

아오키는 예전처럼 산에 자주 가고 있지만, 요즈음은 스키나 낮은 산으로의 등산으로 소일하고 있다. 1941년 창립 10주년 기념 긴푸산^{金峰山}의 방사형 등반$^{放射形 登攀}$ 시 아오키는 가나야마^{金山} 출발조의 리더로 활약했다.

전후 1963년 즈음에는 여성들도 꽤 실력을 쌓아, 겨울의 가이코마가다케^{甲斐駒ケ岳} ~ 센조다케^{仙丈岳} 종주, 1970년대에는 봄과 여름의 종

78　혼인 성씨; 호리이^{堀井}

주를 시작으로 동절기 쓰루기다케^{剱岳} 등에도 여성들이 많이 참가하였다. 스즈키 미치코^{鈴木道子}는 1982년에 있었던 도청^{都庁}·네팔 합동대인 온미캉리^{Ohnmi Kangri, 6,829m} 원정대에도 참가하였다.

＊일본흥업^{興業}은행 행우회^{行友会}의 산악·하이킹부

도쿄도청 산악부와 같은 1931년에 창립되었다.

　　1934년에 다니가와다케^{谷川岳}에서 조난 사고가 난 이후, 힘든 등산은 하지 않는다는 뜻에서 명칭을 변경했다고 한다. 발족 당시는 10여 명이었지만, 전국 조직이었기 때문에 참가자도 많아져서 45주년 기념으로 실시한 호다카다케^{穂高岳} 방사형 등반에는 130명이 참가했다. 1941년부터 여성 회원이 있었고, 전쟁으로 1944년 일시 해산했을 때의 회원은 50명이었다.

　　1948년에 재건하여 북 알프스, 후지산의 기술 강습회 등 연 2-3회의 산행을 시작했는데, 1950년대부터 산행 횟수도, 참가자도 많아지고, 여성 리더도 나오게 되었으며 여성들만의 팀도 꾸리게 되었다. 1981년 9월에 실시한 50주년 기념 산행은 호다카^{穂高} 연봉과 조넨다케^{常念岳}, 초가다케^{蝶ヶ岳} 종주였으며 참가자는 79명이었다.

＊후쿠오카^{福岡}산악회

1930년부터 준비하여 1931년에 창립되었다. 발족할 때의 회원은 50명이었다.

　　규슈^{九州}는 물론 알프스 등 각 방면으로 해외에서도 활약하고 있다. 창립 때부터 각종 연구회를 시작하여 1934년 5월 제1회 부인 등산

강습회에는 25명의 여성들이 참가했는데, 그중에는 야마자키 하루코가 정식으로 입회하여 있었다. 1935년 제2회 강습회에는 60명, 다음 해인 1936년의 제3회 강습회에는 43명의 여성이 참가하였다.

소모임으로 1937년 제1회 부인부회가 열렸으며, 이것은 상당 기간 동안 지속되었다. 1940년까지 10명 이상의 여성이 입회하였다.

전쟁 후에는 동절기의 산이나 암벽등반에도 많은 여성들이 참가하게 되었으며 리더로 활약했던 여성도 있다.

1982년 11월 현재, 33명의 여성 회원이 있다.

＊센슈泉州산악회

사카이堺시市의 센슈산악회는 1940년에 창립되었다. 많은 산악회도 그렇지만, 여성은 가정 사정이나 그 밖의 이유 등으로 산악회에 입회하여도 활동을 오래 지속하기가 힘들다. 이 모임도 전쟁 후 1970년 즈음의 입회자부터 오랫동안 활동할 수 있는 여성이 나오기 시작하여, 1987년 현재 재적하고 있는 22명의 여성들은 모두 활동 중이다.

등산 활동으로는 가라사와다케唐沢岳의 마구이와幕岩, 호다카뵤부이와穂高屏風岩, 가이코마가다케甲斐駒ケ岳의 보즈이와坊主岩 등을 비롯하여, 해외의 산을 포함한 암벽등반이 많으며 여성도 암벽등반에 다소 참가하고 있다. 예를 들면, 1972년 입회한 이노우에 사치코井上幸子는 1978년에 캐나디안 로키의 아사바스카MT. Athabasca, 3491m, 에디스캬벨MT.エディスキャベル의 동쪽 능선 등을 올랐으며, 1979년에는 한국의 인수봉 등반에도 참가한 것은 물론, 암벽등반에 있어서 선등으로 오르는 리더 역할을 하는 여성 회원도 나오고 있다.

*그 외 모임

1930년에 창립한 시모노세키^{下関}산악회에는 전쟁 중에 여성 회원이 40명 이상 있었다고 하나, 이는 전시 중에 건강을 위해서라며 등산보다 도보 활동이 장려되었기 때문인 것으로 보인다. 전후 1955년 즈음부터 조금씩 여성들이 가입하기 시작했다.

1934년에 창립한 도쿄 다도로^{辿路}산악회도 전쟁 중인 1944년에 여성 회원 20명이 있었으며, 1966년 쓰루기다케^{劔岳} 얏쓰미네^{八ツ}봉, 동년 동절기 중앙 알프스 호켄다케^{宝剣岳} 등에서 나카네 야스코^{中根泰子}, 노모토 쿄코^{野本京子} 등이 활약했다.

1935년에 창립한 산악순례^{山岳巡礼} 클럽의 와다나베 야스코^{渡辺泰子}는 1941년 2월에 동절기 후지산에 올랐다.

이상으로 주로 전쟁 전부터 있었던 오래된 산악회를 중심으로 살펴보았는데, 전후에는 산악회도 점점 늘어나고 여성도 국내뿐만 아니라 해외로 활동 영역을 넓혔으며 암벽등반이나 험한 루트에서 활약한 여성들도 많지만 여기서는 생략하였다.

한편, 직장 산악회에 관해서는 조금밖에 서술하지 못하였다. 기록상으로는 쇼와시대 초기에 미쓰코시^{三越} 등의 백화점, 수도국, 각지의 철도국 등에 많은 산악회가 있었으나 사람들뿐만 아니라 직장 자체 내에서도 이동이 많고 기록이 남아 있는 곳이 많지 않아서 이 책의 내용으로 채택하기가 어려웠기 때문이다.

직장 산악회의 유리한 점은 연락을 취하기가 쉽고 서로 신뢰할 수 있다는 것이지만, 반면에 회원들이 동시에 휴가를 내기가 어렵고, 또한 다양한 층으로 구성되어 있어 스키나 하이킹 클럽처럼 되기가 쉽다는 단점도 있다.

직장 산악회도 일반 산악회처럼 전후에 여성들이 많아져서 직장에 따라서는 여성의 수가 더 많은 곳도 있었지만, 활약상은 그리 만족할만한 수준은 아니었다. 그것은 직장에서의 지위나 입장과도 관계가 있을 것이다.

제5장

학교 등산

일본의 등산사 특히 여성 등산사로서의 학교 등산은 2장에서도 간단하게 다루었지만, 여기서 한 개의 장을 따로 두어 더욱 상세하게 서술할 필요가 있다. 왜냐하면, 일본의 등산이 신앙등산 혹은 측량 등을 위한 등산에서 근대 스포츠등산으로 발전하는 데 있어서 학교 등산이 크나큰 역할을 하였기 때문이다. 여성의 학교 등산은 메이지 30년대, 즉 20세기 초에 시작되었으며, 시기적으로도 근대 등산사가 형성되어 가는 과정에서 꽤 이른 편이었고, 심신 단련을 목적으로 행해져 근대 등산의 목적과 일맥상통하는 면이 있다. 또한 등산 복장에 있어서도 기모노에서 양복으로 변화해 가는 과정에 학교 등산의 영향이 컸다. 그러므로 여기서는 초기의 학교 등산, 나아가 근대 등산이 발전해 가는 과정에서의 학교 산악부를 살펴보기로 한다.

학교 등산 중에서도 여자의 단체 등산은 도가쿠시산戶隱山, 후지산, 다테야마立山 등 등산로가 잘 정비되어 있고, 신앙 대상인 산들로부터 시작하여 시로우마다케白馬岳와 같은 신앙 대상이 아닌 산들에서도 자주 행해지게 되었다.

메이지^{明治}시대부터 시작된 학교 등산

기록으로 확인된 최초의 여성 학교 등산은 나가노고등여학교^{長野高等女学校79}의 등산이다. 나가노고등여학교에서는 1902년에 도가쿠시산^{戶隱山}에 오른 것을 시작으로 1925년까지 24년 동안 학교 등산을 계속해 왔다. 1906년부터는 후지산 등산도 실시하고 있었다. 이를 지도한 와다나베 하야시^{渡辺敏} 교장에 관해서는 앞에서 서술하였다.

그 다음으로는 1902년에 창립된 삿포로고등여학교^{札幌高女80}가, 창립 다음 해부터 전교생이 참가하여 시작한 모이와야마^{藻岩山} 등산이 있다. 삿포로고등여학교는 그 후에 1929년부터 다이세쓰잔^{大雪山}, 1934년부터는 도카치다케^{十勝岳} 등에 단체 등산을 실시해 왔다.

도쿄 부립^{府立} 제1고등여학교⁸¹는 나가노고등여학교의 후지산 등산과 같은 해인 1906년부터 후지산, 1919년부터 시로우마다케^{白馬岳} 등에 매년 등산하고 있다. 1927년에는 지금의 나가노 이야마^{飯山} 남^南고등학교에 가서 스키 합숙을 실시하고 있다.

---

79   현 나가노 서^西고등학교

80   현 삿포로 북^北고등학교

81   현 도립백구^{都立白鷗}고교

1906년에는 니가타新潟의 나가오카長岡고등여학교[82]가 나에바苗場 등산을 시작하고, 같은 니가타의 다카다高田고등여학교[83]가 1909년에 묘코산妙高山 등산을 시작했다.

1장에서 서술한 히로사키弘前고등여학교[84]가 이와키산岩木山에 오른 것도 같은 해 8월이며, 10월에는 현립県立 히로사키고등여학교[85]가 이와키산岩木山에 올랐다. 이번에 이러한 자료를 찾아보기 전까지는 등산을 실시하고 있었던 학교는 공립학교가 많다고 생각하고 있었다. 그러나 미션 스쿨인 히로사키고등여학교도 학교 등산을 실시하고 있었다. 이 학교는 미션 스쿨이기 때문에 꼭 지참해야 할 물품 중 하나가 찬송가였다. 영산靈山으로 인식되어 있는 이 산에 여성이 오르는 것에 편견이 있던 그 당시에 일부러 등산을 실행한 것은 미신을 타파하기 위해서였으나, 전원이 무사히 하산한 후에는 익명의 짓궂은 편지가 배달되기도 하였다고 한다. 도치키栃木의 우쓰노미야宇都宮고등여학교[86]는 1921년에 나스다케那須岳, 다음 해인 1922년 7월에는 악천후 속에 닛코日光의 난타이산男体山에 올랐는데, 인솔했던 이토 히로시伊藤裕 교장은 그 때의 모습을 다음과 같이 기록하고 있다.

일행 34명은, 주젠지中禪寺의 여관에서 일박하였다. 동이 트니 22일, 일 찍 일어나 밖에 나가 보니 하늘은 흐리고 가랑비가 부슬부슬 내리고

---

82 현 나가오카 오테大手고교

83 현 다카다 기타시로北城고교

84 현 히로사키학원 세이아이聖愛중·고등학교

85 현 히로사키 중앙中央고교

86 현 우쓰노미야여고

있다. 지배인에게 물어보니 날이 개지 않을 것 같다고 했다. 그렇지만 일행과 상의해 보니 용기 충만하여 모두 산행을 중지하는 것에 동의하지 않으므로, 만일을 대비하여 기름종이 한 장씩을 사 가지고 등산을 결행했다. 올라갈수록 비는 점점 강해지고 바람은 차차 거세져서 추위가 엄습해 오고 온몸이 얼기 시작했다. 준비해 간 기름종이는 벌써 바람에 찢겨 날아가 버렸다. 생각보다도 지세가 험하고 거칠어 등산로라고 할 만한 길도 없고, 날씨는 점차 험악해져 걱정되기 시작하였으나 용기백배하여 당당히 정상에 올랐다. (중략) 다행히 부상당한 사람도 없이 여관에 무사히 도착했다. 마을 사람들은 "여자가 등산했으므로 하늘이 노했다." 등의 말을 거듭했다.

이 학교는 1917년부터 후지산 등산을, 1923년에는 일본 알프스 등산을 시작했다.

다이쇼시대의 여학교 등산

다이쇼시대에 들어오면서 여학교가 각지에 창립되어 등산도 활발하게 되었다.

1911년부터 근교의 롯코산六甲山, 곤고산金剛山, 히에이잔比叡山 등에 매월 등산하고 있던 오사카의 유히가오카夕陽丘고등여학교[87]에는 1915년에 등산부가 생겼다.

다테야마立山에는 1919년에 도야마富山 여자사범학교와 현립県立 도야마고등여학교[88]가 올랐다. 시립市立 도야마고등여학교[89]의 다테야마立山 등산은 1928년부터 시작되었다. 가가加賀의 하쿠산白山에는 이시카와石川의 여자사범과 현립 제2고등여학교[90]가 도야마 여자사범과 도야마고등여학교가 다테야마立山에 올랐던 1919년과 같은 해에 등산했다. 제2고등여학교는 그 후에 하쿠산과 다테야마를 격년으로 매년 등산했다.

---

87   현 유히가오카고교

88   현 도야마여고

89   전후戰後 합병 후에 소멸

90   현 가나자와 사쿠라가오카金沢桜丘고교

도쿄 부립 제3고등여학교[91]는 1921년에 일찌감치 쓰바쿠로다케燕岳, 야리가다케槍ケ岳를 종주했고, 1923년에는 등산부가 생겼다. 「교복 차림으로 야리가다케槍ケ岳 정복」이라는 제목을 붙인 당시 학생生徒의 회고록이 남아 있다. 그것에 따르면,

우리들이 마루야마 조사쿠丸山丈作 선생에게 이끌려 처음으로 일본 알프스의 땅을 밟은 것은 1921년의 일이었다. 전국의 여학교에서는 종주 등산 경쟁이 벌어지고 있다. 아리아케有明 역에 도착한 9명은 버스 편도 없어 18킬로미터를 걸어서 나카부사中房 온천으로 향했다. 해발 1,600여 미터, 아리아케 산록의 높은 곳에 있는 중간 기착지에 교복 차림의 여학생들이 도착하자 등산객은 모두 깜짝 놀랐다. 여기까지 오면 쓰바쿠로다케燕岳, 오텐쇼다케大天井岳에 가기가 수월해서 4시간 정도면 쓰바쿠로다케燕岳의 정상에 도착한다. 화강암 산의 표면이 하얗게 빛나고, 북측의 계곡에는 잔설도 많이 남아 있고, 하얀 구름이 솟아오른다. 그런 아름다운 광경을 마주하고 등산의……

(도립 고마바고고 『창립 60주년』 1963년)

이들 외에도 다이쇼시대에는 나가노현長野県이나 시즈오카현静岡県의 학교들은 산이 가까운 만큼 등산이 유행이었다. 나가노현에서는 이다飯田고등여학교[92]가 1901년 창립 후 바로 등산을 시작하였고, 이나伊那고등여학교[93]는 1920년 기소코마가다케木曽駒ケ岳, 그 후에 센조다케仙丈岳를 격년으로 1970년경까지 계속하여 등산하였다. 스와諏訪고등여학교[94]는

---

91   현 도립 고마바駒場고교
92   현 이다후에쓰飯田風越고교
93   현 이나야요이가오카伊那弥生ケ丘고교
94   현 스와후타바諏訪二葉고교

오차노미즈^{お茶の水} 부속 고등여학교의 후지산 등산. 요시다 입구 찻집 부근. 1919년 7월 21일.

도쿄^{東京} 부립^{府立} 제1고등여학교의 제1회 시로우마다케^{白馬岳} 등산. 1919년 7월 23일 오전 6시 30분.

'원족遠足 고등여학교'라고 불리는 학교답게, 1920년 야쓰가다케八ヶ岳를 시작으로 1922년부터 쓰바쿠로다케燕岳, 조넨다케常念岳 등 1936년까지의 등산 기록이 남아 있다. 오마치大町 고등여학교[95]는 1925년, 목적지를 시로우마다케白馬岳와 렌게다케蓮華岳, 나중에 조넨다케常念岳까지 포함하여 학생들이 이 3개의 산 중에서 좋아하는 산을 골라서 올라갈 수 있게 하였는데, 학교에는 그때의 경비나 시간 등에 관한 세세한 기록이 남아 있다. 이 학교는 전후의 1970년대까지 등산이 성행했다.

그 외에도 마쓰모토松本 고등여학교,[96] 노자와野沢 고등여학교,[97] 스자카須坂 고등여학교,[98] 이야마飯山 고등여학교,[99] 스와諏訪 제2고등여학교,[100] 모치즈키望月 고등여학교[101] 등 많은 학교가 다이쇼시대부터 등산을 시작했다.

한편, 후지산 기슭의 시즈오카현静岡県에서도 등산이 성행하였는데, 우선 현립県立 시즈오카고등여학교[102]는 1916년에 류소잔龍爪山에 오르기 시작하여 그 다음에 후지산, 시로우마다케白馬岳, 나중에는 후지산과 다테야마立山, 후지산과 시로우마다케白馬岳 중 어느 한쪽을 택할 수가 있게 되었다. 한 번의 등산에 100명 이상의 학생이 참가하였고, 1980년대까지 계속되었다.

---

95   현 오마치 북北고교

96   현 아리가사키蟻ヶ崎고교

97   현 노자와 남南고교

98   현 스자카 동東고교

99   현 이야마 남南고교

100   현 오카야시岡谷 동東고교

101   현 모치즈키고교

102   현 시즈오카 조호쿠城北고교

그 외에도 하마마쓰^{浜松} 시립^{市立}고등여학교,[103] 도모에^巴고등여학교 [104]도 다이쇼시대부터 후지산에 오르고 있다.

그 밖의 지방에서 다이쇼시대에 등산을 시작한 곳은, 북에서부터 이와데현^{岩手県}의 하나마키^{花巻}고등여학교[105]가 이와테산^{岩手山}, 하야치네^早 ^池봉, 아키타코마가다케^{秋田駒ヶ岳} 등을, 이치노세키^{一関}고등여학교[106]가 스 카와다케^{須川岳}, 미야기현^{宮城県}의 미야기^{宮城}고등여학교[107]는 1923년에 자 오^{蔵王}를 시작으로 아즈마렌포^{吾妻連峰}, 다이하쿠산^{太白山} 등을 등산했다 는 기록이 1960년대까지 남아 있다.

사이타마현^{埼玉県}의 우라와^{浦和}고등여학교[108]는 1921년에 후지산에 올랐고, 전후 1955년에 산악부가 생겼다. 북 알프스 종주 등 활동이 활발하였고 1980년대까지 크게 활약하였다.

군마현^{群馬県}의 시부카와^{渋川}고등여학교[109]는 1925년부터 미즈사와 야마^{水沢山}, 묘기산^{妙義山} 등을, 가나가와현^{神奈川県}의 오다와라^{小田原}고등여 학교[110]는 1921년부터 후지산을, 기후^{岐阜}의 도미타^{富田}고등여학교[111]는 1918년부터 이부키야마^{伊吹山}를, 오사카 부립^{府立} 오테마에^{大手前}고등여 학교[112]는 1923년부터 후지산을 올랐다.

---

103   현 하마마쓰 시립고교

104   현 시미즈^{清水} 서^西고교

105   현 하나마키 남^南고교

106   현 이치노세키 제2고교

107   현 미야기 제1여고

108   현 우라와 제1여고

109   현 시부카와여고

110   현 오다와라 조나이^{城内}고교

111   현 도미타여고

112   현 오테마에고교

에히메현^{愛媛県}의 이마바리^{今治}고등여학교[113]도 1922년 이시즈치산^{石鎚山}을 시작으로 1942년까지의 기록이 남아 있다. 이시즈치산에는 에히메의 슈소^{周桑}고등여학교[114]가 1922년에, 사이조^{西条}고등여학교[115]가 1924년에 올라갔다.

---

113   현 이마바리 북^北고교
114   현 다무라^{田村}고교
115   현 사이조고교

쇼와^{昭和} 초기의 여학교 등산

쇼와시대가 되면서 일찍 등산을 도입한 학교를 들어 보면, 북에서부터 군마현^{群馬県}의 오타^{太田}고등여학교[116]가 1936년에 시로우마다케^{白馬岳}를, 치바현^{千葉県}의 사쿠라^{佐倉}고등여학교[117]가 1933년경부터 후지산을, 도쿄는 부립^{府立} 제6고등여학교[118]가 1927년에 쓰바쿠로다케^{燕岳}를, 같은 해 부립^{府立} 제4고등여학교[119]가 후지산을 올랐다. 1931년에 시립 메구로^{目黒}고등여학교[120]도 후지산을 올랐다. 참고로, 메구로고등여학교에는 1935년에 스키부가 생겼다. 부립^{府立} 제5고등여학교[121]도 전쟁 전부터 쓰바쿠로다케^{燕岳} 등을 올랐다.

가나가와현^{神奈川県}의 현립^{県立} 요코하마^{横浜} 제1고등여학교[122]는 1927년 후지산 등산을 시작으로, 이후 매년 후지산이나 북 알프스로

---

116 현 오타여고
117 현 사쿠라 동東고교
118 현 도립都立 미타三田고교
119 현 남南다마多摩고교
120 현 메구로고교
121 현 후지富士고교
122 현 히라누마平沼고교

도야마 현립고등여학교의 등산 모습, 다테야마에는 오랫동안 여성의 입산이 금지되었다가
쇼와 초기에 해금되었다. 1933년.

갔다. 히라쓰카平塚고등여학교[123]는 1927년부터 매년 후지산을, 1935
년에는 시로우마다케白馬岳를 올랐다. 요코스카橫須賀고등여학교[124]는
1927년부터 등산을 시작해 1931년에 조넨다케常念岳, 1932년에는 후
지산, 1933년에는 시로우마다케白馬岳 등으로 등산을 했다. 요코하마橫
浜고등여학교[125]가 1934년에 단자와丹沢의 오야마大山와 단자와야마丹沢山
에 갔을 때, 당시의 요코하마 무역신문[126]은 그 모습을 5회에 걸쳐 연재
하였다. 세상도 평안했던 것이다.
　다시 시즈오카静岡로 돌아와서, 시즈오카 세이신誠心고등여학교[127]가

123　현 히라쓰카 코난江南고교
124　현 요코스카 오즈大津고교
125　현 요코하마학원
126　현 가나가와神奈川신문
127　현 시즈오카 세이신고교

후지산 등산 기념 촬영. 부립^{府立} 제4고등여학교 3학년의 후쿠다 마사코^{福田正子}. 1927년 7월.

1927년부터 후지산을 매년 북 알프스와 격년으로 등산하였고, 이 학교는 운동부도 활발했다. 가케가와^{掛川}고등여학교,[128] 시즈오카 여자상고^{商高}, 시미즈^{清水} 여학원 등이 쇼와^{昭和}시대 시작부터 후지산을 등산했다.

호쿠리쿠^{北陸}에서는 이시카와^{石川}의 가나자와^{金沢} 제1고등여학교가 전술^{前述}한 가나자와 제2고등여학교보다 늦은 1929년부터 하쿠산^{白山}이나 다테야마^{立山}를 올랐다. 그러나 1943년의 하쿠산^{白山} 등산을 마지막으로 전후에 학교도 없어져 버렸다.

하쿠산^{白山}에는 그 외에도 이시카와의 하쿠이^{羽咋}고등여학교,[129] 후

---

128   현 가케가와 동東고교

129   현 하쿠이고교

쿠이福井의 오노大野고등여학교[130]가 등산했으며, 도야마富山의 우오즈魚津고등여학교[131]는 다이쇼시대부터 구로베黒部에 드나들었고, 1931년 이후 매년 다테야마立山를 오르고 있다.

전술한 오사카의 오테마에고등여학교는 1929년 시로우마다케白馬岳에서 구로베로 내려온 것을 시작으로 1931년에는 에보시다케烏帽子岳에서 야리가다케槍ヶ岳, 호다카다케穂高岳로 종주하였다.

효고兵庫의 현립県立 고오베神戸고등여학교[132]에는 1927년에 등산원족부가 생겨 동년부터 후지산에 올랐으며, 니시미야西宮고등여학교[133]는 1938년부터 일본 알프스 등산을 실시하였다. 돗토리鳥取의 야즈八頭고등여학교[134]는 1928년부터 오야마大山를 오르기 시작하여 전후 1965년경까지 등산을 계속했다.

지금까지 살펴보았던 것 외에 조사해 볼 수 없었던 학교도 당연히 다수 있었으며, 등산을 실시했다는 것을 알고는 있었지만 확실한 자료가 없는 학교도 있었다. 그러나 각 지역에 있는 동네 산의 등산까지 포함하면 전쟁 전 등산을 실시하고 있었던 학교는 홋카이도北海道에서 시코쿠四国, 규슈九州까지 전국에 이르며, 등산에 참가한 학생은 학교에 따라서 뜻이 있는 학생들, 모든 학년, 전교생 등 형태는 각각이지만 많은 학생들이 참가했다. 게다가 일부를 제외한 대부분의 학생들이 참가했던 것 같은 모습이 당시의 교지나 신문 기사 등에 생생하게 남아 있다.

---

130   현 오노고교
131   현 우오즈고교
132   현 고오베고교
133   현 니시미야고교
134   현 야즈고교

메이지, 다이쇼시대는 물론, 쇼와에 들어와서도 여성의 등산 복장은 주로 일본 전통 옷이나 활동적이지 않은 양복이었다. 신부 수업의 색채가 짙었던 여학교에서 교사에게 이끌려서 갔다고는 하지만, 많은 학생들이 일본 알프스 등에 올라가 볼 수 있었다는 것은 그녀들에게 얼마나 즐거운 경험이 되었을까?

이처럼 여성의 단체 등산은 상당히 활발하였다. 그러나 유감스럽게도 어느 학교도 제2차 세계대전 말기인 1944년부터 전후 1-2년간은 등산을 중단하지 않을 수 없었고, 그중에는 중단한 채로 끝나 버린 경우도 있었다. 당시 여학교 단체 등산은 지금보다 오히려 훨씬 더 활성화되어 있었다고 말할 수 있지 않을까? 요즈음에는 개별 등산이 가능하게 되었다는 것도 물론 말할 수 있겠지만, 관료주의적 교육이 주류가 되면서 사고에 대한 책임 회피가 우선시되어 고등학교 단계에서 단체 등산이 드물어지게 되었다. 이제, 그러한 초기의 학교 등산을 지도했던 사람들에 관해서도 짚어 두겠다.

초기 학교 등산의 지도자들

◉ 나가노고등여학교의 지도자들

1902년, 도가쿠시산戸隱山 등산을 시작한 초대 교장 와다나베 하야시渡
辺敏에 관해서는 별도의 항목으로 다루었지만, 그에 이은 제2대 교장인
고노 레이조河野齡蔵[135]는 고산식물 연구자로 1898년 8월에 와다나베와
같은 오마치大町 초등학교의 교장이었던 시절에 시로우마다케白馬岳에
올랐던 사람이다. 나가노고등여학교의 등산 시절에는 선두에서 암벽
을 올라 학생들의 등산을 도왔고, 사진 기술도 뛰어났다. 그 당시의 귀
중한 사진이 1987년 7월 도쿄에서 열린 「산악사진의 원류전」에 전시
되었다. 또한 동교의 교직원이며 지질 광물 연구자인 야기 테이스케八
木貞助[136]도 좋은 등산 지도자였다.

◉ 유히가오카夕陽丘고등여학교

1910년, 연이어 유희가오카고등여학교의 교사가 된 다케시타 에이이

---

135   1865 ~ 1939, 고산 식물학의 권위자이자 산악 사진작가, 등산가. 산악에 관한 다수의 논문과
       저서가 있다.
136   1879 ~ 1951, 지질 및 식물학자. 나가노현 지질학회長野県地学会 초대 회장 역임. 일본산악회
       창립 회원.

치竹下英一[137], 아사히 기타루朝輝記太留[138] 두 사람은 다음해인 11년부터 롯코六甲 등의 근교 산에 학생들을 데리고 다녔으며, 1915년에는 등산부를 만들었다. 두 사람은 1913년과 1914년에 각자 일본산악회에 입회하였고, 직장 동료들과 등산을 많이 다녔다. 1915년, 오사카시市교육회가 주최한 북 알프스 단체 등산에 간부로 참가한 두 사람은, 나중에 이 단체 등산을 상세히 분석하여 일본산악회의 연보『산악』10-3에 발표했는데, 그것만 보아도 두 사람의 단체 등산에 대한 열정을 짐작할 수 있다. 아사히는 나중에 사립 쇼인樟蔭고등여학교[139]로 옮겨, 쇼와에 들어와서도 계속하여 그 학교의 학생들을 데리고 북 알프스를 다녔다.

◦ 여학생들을 이끌고 산에 간 시마키 아카히코島木赤彦[140]

시인 아카히코의 본명은 구보타 도시히코久保田俊彦이며, 1906년, 창립 후 얼마 되지 않은 일본산악회에 입회했다. 1898년부터 1914년까지 나가노현長野県 스와諏訪시市의 서西초등학교 등에서 교사敎師를 하고 있으면서, 1903년 야쓰가다케八ヶ岳, 1905년 기리가미네霧ヶ峰에 올랐다. 이 때 학생들이 즐겁게 산에 오르는 모습을『산악』1-1에 발표했으며, 여성의 체력 향상을 위하여 복장을 더욱 개선해야 한다고 주장하였다.

그 외에, 쓰바쿠로다케燕岳 ~ 야리가다케槍ヶ岳 등의 종주를 시작한 도쿄

---

137 1903 ~ 1978, 1969년 일본 전통 연극 카부키歌舞伎의 대표 작가인『오카 오니타로우 평전岡鬼太郎伝』을 발간했다.
138 1878 ~ 1938, 미국 체육관찰기, 체육 댄스 등의 글로 보아 체육선생으로 추정된다.
139 여자전문대학도 있음.
140 1876 ~ 1926, 일본 단가의 명인이자 교육가. 아카히코 기념관이 있다.

부립 제3고등여학교[141]의 마루야마 조사쿠丸山丈作,[142] 도모에巴고등여학교[143]의 5대 교장 이카라시 료고五十嵐了悟, 시즈오카고등여학교[144]의 다카베 가쓰타로高部勝太郎 교사나 2대 교장인 시마다 민지島田民治 등, 그 어떤 학교에도 등산에 열심인 교사가 있었기 때문에 비로소 학교 등산은 활성화될 수 있었다.

---

141 현 도립 고마바駒場고교

142 나중에 부립 제6고등여학교의 초대 교장이 됨.

143 현 시미즈清水 서西고교

144 현 시즈오카 조호쿠城北고교

학교 등산의 사고

많은 학생을 데리고 가는 학교 등산에서 사고가 없을 수 없다. 예를 들면, 1906년 8월에 교장을 포함하여 29명이 후지산에 오른 아카이시^{明石} 여자사범학교의 경우에는, 산행 중에 몇 명의 낙오자가 있음에도 불구하고 적절한 감독이나 처치를 하지 않고 뿔뿔이 흩어져 평소와 같이 행동했다는 이유로「감독자의 부주의한 책임을 물음」이라는 기사가 나가노와 도쿄의 신문에 실렸다.

이것에 대하여 일본산악회의 조 가즈마^{城数馬}는『산악』1-3에서 '주의는 물론 필요하지만, 이것으로 여성 등산의 장래에 나쁜 영향이 없기를 바란다.'라고 하며, 많은 사람들을 인솔하는 사람의 자질, 즉, 경험, 연구, 준비 등을 촉구했다.

또, 1907년 10월에 이즈나야마^{飯綱山}로 90명이 출정한 나가노고등여학교의 경우는 일부가 길을 잃어 1명이 낙상 사고를 당했다. 이것에 대해서도 역시 일본산악회의 다카노 요조^{高野鷹蔵}가『산악』3-1에서 앞의 조^城씨와 마찬가지로 주의와 함께, 이것으로 여성의 등산 열기가 식지 않기를 바란다고 말했다.

다른 많은 학교에서는 1년 해 보고 성과가 좋아서 계속했다[145]라고 말하였는데, 이처럼 성공에는 신중한 계획과 주의가 필요하다. 오다와라小田原고등여학교의 경우는 학생 3명당 교사 1명이 곁에서 돌봐 주었으며, 산장에서는 교사 1명이 불침번까지 섰다고 한다. 앞의 유희가오카고등여학교의 아사히도 '많은 사람의 단체 등산은 민첩성이 부족하여 안전사고를 일으키기 쉬우니 인솔 인원은 20명을 한도로 하고 싶다.'고 말한 바 있다.

오마치고교의 마루야마 아키라는 단체 활동을 하는 중에 상태가 좋지 않은 사람이 있을 경우 단체에 미치는 연쇄 반응을 시로우마산잔白馬三山 종주에서 경험하고 그 무서움을 오마치고교의 70주년 호에서 서술하였다.

145 　후쿠이福井의 다케후武生고등여학교, 나라奈良의 다카다高田고등여학교 등.

전후 대학 산악부

戦後

전후^{戦後}의 학제^{学制} 개편으로 중학교나 고등여학교가 고등학교로 바뀌었고, 전문학교는 대학이 되었다. 거기에다 구 제도의 대학까지 포함되면서 학교 등산도 여러 가지 형태를 취하게 되었다.

전전^{戦前}부터 각지의 여자사범학교^{도야마富山, 시즈오카静岡, 나라奈良 여자고등사범}등와 오사카 여자전문학교^{현 부립府立 오사카여대}, 일본여대, 쇼인^{樟蔭}여자전문학교[146] 등이 등산을 하고 있었으며, 오사카 여전^{女専}과 같이 1934년 산악부를 만들어 활동하던 곳도 있었다. 많은 대학이 새로 여학생들을 받아들이게 된 전후^{戦後}의 상황을 잠깐 살펴보겠다.

(단, 전후의 대학, 고등학교의 실태 조사는 주로 1985년부터 1988년까지 실시한 것이다.)

＊와세다^{早稲田}대학

1951년, 고토 스미레코^{後藤菫子[147]}와 다카가와 나오코^{高川尚子}가 산악부에 들어가 다음 해에는 가능한 한 자기들만의 힘으로 산에 오르고 싶다고

---

146   현 오사카 쇼인여대

147   혼인 성씨; 오구라^{小倉}

하여 여자 그룹만으로 산행을 하였다. 이는 14년간 계속되었으며, 그동안 여자 부원이 10명 이상 되기도 하여 종주 외에도 봄이나 겨울의 장기 야영도 했다. 그러나 1962년 즈음부터 부원이 감소하기 시작하여 1964년에는 여학생 부원이 2명이 되었다. 이와는 별도로 '세이토카이靑稻숲'라는 여자만의 등산 그룹이 1954년부터 있었는데 이것도 1986년의 졸업생을 마지막으로 없어졌다.

＊메이지明治대학

여자대학을 제외한 대학 중에서는 가장 먼저, 1946년에 미즈사와 도키코水沢登喜子, 시로네 미사오臼根操가 들어왔다. 그러나 그 이후부터 1967년과 1977년에 각각 1명씩, 10년에 1명 정도 들어오고 있다.

＊니혼日本대학

1952년, 엔도 유미에遠藤友美惠가 들어와서 동절기 등산을 포함한 모든 야영에 참가했었으나 1년 만에 산악부를 그만두었다. 그 후로는 여자 회원이 없었고, 1973년부터 1982년까지 하라다 마사코原田雅子 등 9명이 들어왔지만, 산악부로 '졸업'한 것은 하라다原田와 1978년에 졸업한 미야타 유미코宮田有美子뿐이다.

＊니혼조시日本女子대학

전전戰前에 안도 사치코安東幸子, 가와카미 사와코河上サワ子가 활약한 산악부의 전신前身이 있었다. 전후에는 1954년 시미즈 게이코清水敬子를 중심으로 14명이 시작하여, 매년 10명 전후가 들어와서 부원은 많은 편이

었다. 그러나 1961년 반더보겔[Wandervogel][148] 운동이 확산된 탓인지 신입이 줄어들지만 그래도 1980년 즈음까지 5명씩 정도는 들어왔으나 그 후에 다시 줄어 1983년에는 3명이었다.

전전[戰前]부터 산악부가 있었던 만큼 남북 알프스에서의 야영이나 종주 등 활발히 활동하고 있다.

＊도쿄조시[東京女子]대학

1953년, 도모토 아키코[堂本暁子] 등 12명으로 산악부가 발족되고, 다음 해에 24명이 들어왔다. 일본산악회 학생부 등에 참여하면서 역량을 길러 야영이나 종주 등 광범위하게 활동하였다. 그러나 역시 부원이 줄어 1984년 현재는 존재하지 않는다.

＊오사카[大阪]대학

1951년에 여자 2명이 들어왔고, 이 중에 사에구사 아야코[三枝礼子]는 동[同]대학이 1950년에 실시한 히말라야의 피크29[Peak 29, 7,835m] 등산대에 참가하여 7,250m까지 올라갔다.

＊도쿄노교[東京農業]대학

1987년 현재 4명의 여자 부원이 있는데, 후쿠자와 사치코[福沢幸子]는

---

148 1897년 칼 피셔[Karl Fischer]의 제창으로 설립된 청년 도보 여행 장려회. 강령은 ① 햇빛을 쬐어라. ② 호연지기를 길러라. ③ 자연과 친하라. ④ 격이 낮고 속된 유행가를 버려라. ⑤ 조국의 국토 지리를 알아라. ⑥ 조국에 움트는 얼을 알아라. ⑦ 협력하라, 단결하라. 일본에서는 1945년 전쟁에서 패하자 사회 체육 장려의 일환으로 획일적, 형식적 운동을 지양하고 학습자의 흥미를 존중해서 민주적 사회성을 기르도록 맨손체조와 기계체조 중심으로 스포츠 활동을 장려하였다. 1949년 대학에서 체육 필수화의 일환으로 각 대학마다 반더보겔부가 창립되고 입회 회원이 급증하였다. 출처:산악문화 14호 반더보겔의 탄생과 전후의 등산 문화. 城島紀夫じょうじま のり, 일본산악문화학회 회원, 일본산악회 회원

1986년 8월, 동同 대학의 중국 곤륜산맥 7,167m봉 초등자 중의 한 사람이다.

＊아오야마青山 가쿠인学院대학

1952년에 가와모토 유키코河本由紀子 등의 3명이 준회원으로 들어오고, 1954년에 4학년생 3명이 따로 들어와서 정회원이 되었다. 1956년에 3명이, 그 후에도 가끔씩 들어왔으며, 1991년에도 1명이 있었지만 1992년 3월에 졸업하여 현재는 여자 회원이 없다.

＊도쿄 지케이카이慈惠会 의과대학

1954년에 입회한 스기우라 요코杉浦燿子[149] 등이 있었다. 스기우라는 1960년의 데오티바Deo Tibba, 6,001m 여성 등반대에 참가하였다.

＊기타

도쿄교육대학에는 1953년에 2명, 그 후에 2명 정도가 있었다. 오차노미즈お茶の水여자대학은 1958년에 산악부가 생겼다.

무코가와武庫川여자대학에서는 1951년에 3명이 입회한 후에 한두 명씩이지만 계속되고 있다.

주오中央대학은 1987년 현재 4학년생이 2명 있지만 그 전에는 2명 정도 있었을 뿐이다.

도쿄대학의 산악부는 1951년에 2명, 1955년과 1962년에 각각 1명씩 들어왔었다.

홋카이도대학에는 1951년과 1955년, 1962년에 산악부를 졸업한

---

149 혼인 성씨; 뮤렌ミューレン

여학생이 한 명씩 있었다.

호세이法政대학에는 1959년 여성이 입회하면서 여자부가 생겼지만 1967년에 없어졌다.

도쿄여자의과대학에서는 1958년에 산악부가 생겼고, 1963년경부터 가토 다키오加藤滝男가 지도 교사가 되었다. 그 무렵 이마이 미치코今井通子[150] 등이 미쓰도게三ツ峠의 암벽에서 훈련을 마친 후에 다니가와다케谷川岳의 이치노쿠라사와一ノ倉沢나 유노사와幽ノ沢 등에서 야영을 할 수 있게 되었다. 나중에는 가토加藤 등과 JECC를 창립하였고, 1967년 10주년에는 유럽 알프스에 가서 이마이와 와카야마 요시코若山美子가 마터호른 북벽을 올랐다.

그 외에도 가고시마鹿児島대학, 나가사키長崎대학, 고마자와駒沢대학 등에 여성 산악부가 있었다.

대략의 여성 산악부 입회 상황을 정리해 보았다. 일부 여자 대학에서는 지도자도 없이 등산 활동을 근근이 유지해 나가기도 했고, 남녀 공학 학교에서는 좀처럼 여성 회원이 들어오지 않았거나 숫자가 적어 무시를 당하면서도 나름대로 노력을 많이 했다. 시대의 흐름에 따라 여성 회원이 들어오지 않아서 여자부 자체가 사라져 버린 학교도 많지만, 대다수의 산악부에서는 과거의 이런 경험을 바탕으로 여러 가지 대안을 찾고 있을 것으로 생각한다.

---

150 혼인 성씨; 다카하시高橋

전후 고등학교의 등산

_{戰後}

전전^{戰前}의 여학교의 경우에는 주로 교사에게 이끌려서 등산을 시작하게 되었지만, 신제^{新制} 고등학교 시대가 되면서부터는, 대부분의 경우 교사가 고문으로 있기는 하여도, 산악부의 운영 및 등산 계획 등은 학생들이 맡아서 하는 활동 형태로 서서히 변하게 되었다. 전전^{戰前}에 이어서 등산이 번성한 학교도 많이 있다. 전전에 다루었던 고교의 그 이후의 모습을 살펴보겠다.

* 나가노^{長野} 서^西고교

1950년대에, 산악 지대에 소재한다는 이점을 살려서 야리가다케^{槍ヶ岳}나 후지산, 시로우마다케^{白馬岳} 등에서 활동할 수 있었으며, 고교의 전국 등산대회에서도 활약했다. 1985년에는 산악부원이 19명이었는데, 이 해부터 남자도 입학하게 되어서 19명 중에 5명은 남자이다.

* 오다와라^{小田原} 조나이^{城內}고교

1956년까지 일반 학생을 대상으로 후지산 등산을 계속해 왔지만, 인솔 등을 할 만한 사람이 없어서 그만두었다.

＊나라奈良 타카다高田고교

1970년부터 현재까지 일반 학생을 대상으로 후지산이나 알프스 등산을 계속해 오고 있으며 전일본등산대회 등에서도 활약하고 있다.

＊히라쓰카平塚 고난江南고교

전후에 다시 산악부를 만들어 1948년부터 후지산 등산을 시작해 1972년까지는 참가자도 100명 정도 있었다. 그러나 요즈음 산의 대중화로 인해 산악부의 필요성이 약해져서 활동을 그만두었다.

＊시즈오카静岡 조호쿠城北고교, 고후甲府 서西고교

고교의 전국등산대회에 출전하고 있다.

＊가코가와加古川 서西고교

전전戰前에도 클럽이 있었지만 1960년대까지도 빈번히 북 알프스에 올랐다.

＊시미즈清水 서西고교

1960년대에도 계속하여 활동하고 있었으며 1969년의 후지산 등산에는 172명이 참가했다.

대학의 경우와 마찬가지로 고등학교도 1950년대, 1960년대 정도까지 등산이 유행하였다. 그러나 요즈음은 일반인 등산과 같이 그때만큼은 번성하지 않은 것 같다.

그것은 교통의 발달, 많은 정보를 쉽게 취득할 수 있게 된 것, 놀이의 다양화 등으로 등산 또한 변모해 가는 것이리라. 그렇긴 하지만, 전후에 단체 등산을 다시 시작한 곳도 있다.

나가노의 마쓰모토松本 미스즈가오카美須々ヶ丘고교는 1962년부터 1974년까지 북 알프스 종주를 계속하였는데, 마쓰모토松本 후카시深志 고교의 사고[151]로 희망자가 줄어 중지하였다. 이렇게 단체 등산을 중지한 것은 아쉬운 일이었고, 오늘날이야말로 필요했던 것이 아니었을까 아쉬움이 남는다. 또한 마쓰모토 쇼난松南고교는 1966년까지의 단체 등산 기록이 남아 있고, 매년 70명에서 100명이 산행에 참가했다고 한다.

도쿄의 공립여자 제2고교는 다소 늦은 1970년에 산악부를 창립했지만, 그 다음해부터 시로우마다케白馬岳 등산을 시작하여 지금도 계속하고 있다. 이 학교는 1991년 현재에도 3박4일 정도의 넉넉한 일정으로, 안전한 등산을 목표로 등산을 하고 있다.

가나자와 사쿠라가오카金沢桜丘고교는 1949년에 학교 설립구제旧制중학과 여고의 합병과 동시에 일반 학생에게 호소하여 하쿠산白山, 다테야마立山, 야리가다케槍ヶ岳 등을 번갈아 돌아가며 등산을 실시하고 있다.

또한 전전戰前에 등산을 별로 하지 않았던 미션스쿨 야마나시山梨 에이와英和학원은 1950년대에 산악부가 생겨 고타이렌高体連 등에서 활약하고 있으며, 시즈오카의 후타바双葉고교는 전전戰前에도 등산은 실시하고 있었지만 1960년에 산악부가 생겨 북 알프스나 후지산을 오르며 대외적으로도 활약하였다. 오카야마岡山의 산요山陽여고도 1951년부터

---

151 1967년, 니시호 돗표西穂独標에서 낙뢰落雷에 의해 11명 사망.

오야마^{大山} 등으로 등산하고 있다.

＊고교생의 해외 등산

도쿄의 다치카와^{立川}여고처럼 히말라야, 캐나다 등의 해외로 나가서 등산을 하고 있는 학교도 있다. 1972년에 타이완의 옥산^{玉山, 3,952m}, 한국의 설악산, 1979년에 네팔의 고쿄 피크^{5,360m}, 1982년 8월에 캐나디안 로키의 트윈즈 북봉^{3,683m}을 올랐다. 특히 트윈즈봉은 높이만 낮을 뿐 크레바스가 많은 빙하의 산으로, 자신들의 실력만으로 오르겠다고 선택한 산이라고 한다. 고쿄 피크에 갔을 때는 세르파와 포터의 도움을 받은 트레킹 등산이어서 참가자들이 만족하지 못했기 때문이다. 다카하시 기요테루^{高橋淸輝} 외에 2명의 교사와 OG 3명, 현역^{現役} 8명으로 트윈즈봉 산행을 훌륭하게 해냈다는 것은 믿음직스러운 일이다. 또한 1989년에는 다시 네팔로 나가 출루산군의 약 5,880m봉을 등정했다. 다치카와^{立川}여고는 고교전국등산대회와 그 밖의 대회에서도 활약하고 있다.

마지막으로 전전^{戰前}의 남자 학교에 대해서 조금 다루어 보면, 여학교에서 제일 먼저 등산을 시작했던 것이 나가노고등여학교였지만, 같은 현의 나가노중학[152]은 여학교보다 한참 늦은 1920년 4월, 에구치^{江口} 교장 이하 36명이 가무리키야마^{冠着山}에 오른 후, 등산 붐이 일어나 산악부를 만들고 그 이후 전전^{戰前} 시기까지 활발하게 활동하였다.

　또한 구제^{舊制}의 대학이나 고교 중에서는 1898년에 산악부를 창립

152　현 나가노고교

한 제4고등학교[153]를 시작으로, 교토京都대학[1905년], 교토京都 부립府立 제2중학[154][1906년] 등으로 이어진다.

홋카이도北海道의 삿포로札幌중학[155]은 1899년 2월에 당시의 육군 제7사단과 모이와야마藻岩山 단체 등산에 다른 학교와 함께 참가했었는데, 추락 사고를 일으켜 교장이 사임하였다. 1905년에는 홋카이北海중학[156]도 모이와야마藻岩山 등산을 시작하였고, 다이쇼시대에 들어와서는 시즈오카静岡중학[157]이 1915년부터 후지산을 올랐다. 같은 해 도야마중학[158]이 다테야마立山를 올랐으며, 사이타마현埼玉県의 가와고에川越중학[159]이 1919년에 산악부를 만들어 후지산과 북 알프스 등을 빈번하게 올랐고 전후에도 활발하게 활동하였다.

가나가와神奈川 현립 요코하마横浜 제3중학[160]은 1926년부터 후지산을 올랐다. 쇼와昭和시대에 들어와서는 이와데현岩手県의 이와데중학[161]이 1927년에 산악부를 만들어 1929년부터 이와테산岩手山, 북 알프스, 도호쿠東北나 홋카이도의 산을 빈번히 오르고 있다.

---

153 현 가나자와金沢대학
154 현 부립 도바鳥羽고교
155 현 삿포로 남南고교
156 현 삿포로 홋카이고교
157 현 시즈오카고교
158 현 도야마고교
159 현 가와고에고교
160 현 미도리가오카緑ヶ丘고교
161 현 모리오카盛岡 제1고교

제6장

등산객을 위해 애쓴
산의 여성들

소위 등산가는 아니지만, 등산의 발전을 위해 애쓴 산의 여성들이 있다. 산록이나 산정의 낡은 숙박 시설을 운영했던 사람들은 등산가를 가족처럼 보살펴 주고 안전한 등산을 기원해 주었다. 산속의 숙박 시설에서 등산가를 위해 애쓴 여성들을 기록으로 남기는 것도 여성 등산사로서는 의미가 있는 일이라고 생각한다. 지금은 서거한 사람도 있지만 화려한 등산의 그늘에 이런 사람도 있었는가라고 생각하며 친근감을 느껴 주면 좋겠다.

사카모토 도요지

坂本とよじ

겐토쿠산^{乾徳山} 도쿠와^{徳和}의 할머니

1883년 야마나시현^{山梨県} 히가시야마나시군^{東山梨郡} 마키오카읍^{牧丘町} 나카마키^{中牧}에서 태어났으며, 다케다 신겐^{武田信玄[162]} 영주의 무사 중 한 사람인 나이토 슈리노스케 마사토요^{内藤修理亮昌豊}의 후예이고, 16세 때 독학으로 검정고시를 봐서 현지 초등학교의 교원이 되었다. 도쿠와무라촌^{徳和村}의 사카모토 나오지로^{坂本直次郎}와 결혼한 후 미토미무라촌^{三富村} 초등학교의 교단에 서게 된다.

그때부터 산골의 비참한 생활과 산골 마을의 폐쇄적인 관습을 타파하기 위해서 여인금제의 산인 겐토쿠산^{乾徳山}에 올라가 자연의 근사함에 감동했다고 한다.

1929년 당시 무의촌이었던 미토미^{三富} 마을에서 갑자기 병에 걸린 게이오^{慶応}대학 학생을 구한 것이 도요지가 등산객과 관계를 맺게 된 최초의 일이었다. 이것을 계기로 등산객이 사카모토의 집에 들르게 되었다.

1930년 학교의 교원직에서 퇴직하였고, 그 다음해 겐토쿠산^{乾徳山}

---

[162] 센고쿠^{戦国}시대15C 중반부터 16C 후반의 영주.

사카모토 도요지坂本とよじ

자연경관보존협회 설립에 힘썼다. 1933년에는 후루카와 롯파 이치자
古川ロッパー座의 산악회 회원인 연출가 사이토 도요키치斉藤豊吉에게 겐토
쿠乾德 합창곡의 작사·작곡을, 요시카와 이사무吉川勇에게 안무를 의뢰하
여 도쿠와의 산골 마을에 민요를 탄생시켰다. 이때쯤 농가農家 그대로
민박을 시작하여 이름을 '야마토 여관山登旅館'이라 짓고 간판을 걸었다.

　도쿠와의 야마토 여관 여주인으로서 등산객과 친하게 지낸 사카
모토 도요지는 겐토쿠산乾德山의 등산로 개발에 사재를 들여 등산의 활
성화와 안전을 도모했다. 등산객과의 교류는 말할 것도 없고 등산계와
의 교류도 넓어서 당시의 유명 등산가들과도 친하게 지냈다.

　그중에서도 오쿠치치부奥秩父 지역의 수행자인 하라 젠쿄原全教, 산장
클럽의 나카무라 겐中村謙, 조난사遭難史로 유명했던 가스가 순키치春日俊吉,
신 하이킹사 사장 사와다 다케시沢田武志, 간토関東산악회의 다마 유키오多
摩雪雄 등과는 죽을 때까지 교제가 있었다.

　겐토쿠산乾德山에 오르는 등산객은 도쿠와의 야마토 여관에서 하룻
밤을 묵고 등산하는 것이 보통이었기에, 거의 대부분 할머니에게 신세

를 지고 여러 가지 안내를 받기 마련이었다. 학교 선생을 했던 만큼 올바른 등산 태도를 가르치거나 겐토쿠산乾德山 주변의 등산로에 관한 이야기를 들려주어 밤이 깊을 때까지 이야기가 계속되는 경우가 많았다.

사카모토 도요지는 만년에 다리가 쇠약해져서 제대로 걸을 수 없게 되었을 때도 등산로를 둘러보기 위해 다른 사람의 등에 업혀서 겐토쿠산乾德山을 올라갔다. 또 등산 시즌이 되면 등산객을 위한 새로운 코스의 안내판에 진달래 군락이 있으므로 꼭 보고 가시라고 추천하는 것도 잊지 않았다. 평생 등산객들을 친절하게 보살펴 준 사카모토 도요지는 마음속 깊이 산을 사랑한 여성이었던 것이다.

사카모토 도요지를 도쿠와 할머니로 부르며 그리워하여 찾아오는 사람도 많았고, 산에 오르지 않아도 이야기를 듣는 것이 재미있어서 오는 사람들도 있었을 정도로 야마토 여관은 언제나 등산객으로 붐볐다.

필자가 겐토쿠산乾德山에서 하산하여 여관에 돌아오면 도요지는 항상 피로가 풀리는 단팥죽을 끓여 놓고 기다리고 있었다. 눈을 가늘게 뜨고 웃어 가면서 말하는 모습이 지금도 눈에 선하다. 산사나이들에게도 사랑받았던 도쿠와의 할머니는 도쿠와의 명물名物이었다.

도요지의 외동딸은 독일문학 연구가이며 등산가였던 아라이 미치타로荒井道太郎와 결혼했지만 아라이가 병사하고 머지않아 죽고 말았다. 가족에게 불행이 이어졌지만 도요지는 언제나 그 따님의 이야기를 밤 늦도록 흙벽으로 만든 집 안에서 들려주었다.

1953년, 사카모토 도요지는 80세를 일기로 도쿠와 마을의 야마토 여관에서 운명하였다. 다케다 신겐에 있는 에린지惠林寺에 모셔졌다.

狩野きく能

가노 기쿠노

가시마야리가다케^{鹿島槍ヶ岳} 가시마^{鹿島}의 할멈

가시마야리가다케^{鹿島槍ヶ岳}의 산록, 오마치 시^{大町市} 히라카시마^{平鹿島} 부락^{部落}, 가시마^{鹿島} 산장 서쪽에 마키 유코^{槇有恒}[163]의 필적으로 '산을 공경하고, 산을 사랑하며, 산과 함께 살다'라고 새겨진 비석이 있다. 그것은 가시마의 할멈으로 여러 사람으로부터 사랑받았던 여성, 가노 기쿠노를 기리어 세워진 것이다.

가노 기쿠노^{狩野きく能}

1890년 12월 1일, 가노 기쿠노는 나가노현 가시마에서 태어났다. 19세 때 같은 마을의 가노 지키에이^{狩野治喜衛}와 결혼하였고, 37세 때인 1927년에 '가시마 산장^{鹿島山荘}'이라는 이름으로 민박을 시작했다.

---

[163] 1894~1989, 일본 근대 등산을 선도한 등산가. 1921년 아이거 북벽 미텔레기 능을 초등했다. 유학을 마치고 귀국하여 알프스의 암벽과 빙설 등반 기술을 일본 등산계에 전해 일본 등산 기술의 발전에 기여했다. 1925년 일본 최초의 해외 원정으로 캐나다 알바타산을 초등했다. 1956년 일본 마나슬루 제3차 원정대장으로 이마니시 도시오^{今西壽雄} 대원을 정상에 올리는 데 성공했다. 이 등반으로 일본은 8000미터 14좌 중 하나를 초등한 기록을 갖게 되었다. 마키 아리쓰네^{まきありつね}라는 이름으로도 불린다.

등산객을 위해 애쓴 산의 여성들

189

가노 기쿠노狩野きく能

　그 계기를 만든 것은 이마니시 긴지今井錦司[164]였다. 당시 학생이었던 이마이 일행이 하룻밤 숙박을 청한 것이 계기가 되어 가노 기쿠노 부부는 등산객을 돌보는 일을 하게 되었다. 가시마야리鹿島槍로 향하는 대부분의 등산객은 가노 부부의 따뜻하고 꾸밈없는 성품에 이끌려 이곳에 반드시 들러서 가게 되었다.

　현재 지가다케爺ヶ岳 동쪽 능선의 등산로 입구에는 조난자의 위령비가 있는데, 이것은 가시마 할멈의 유지에 따라서 세워진 것이다. 할멈은 산을 사랑하고 등산객을 위해 애써 왔다. 일단 조난자가 생기면 자기 일처럼 가슴 아파했던 할멈은 민박 50주년과 미수米寿, 88세를 기념

---

[164] 1902 ~ 1992, 생태학자, 문화인류학자, 등산가. 일본 영장류 연구의 창시자. 경도제국대학 백두산원정대 대장. 저서 20여권 중 『산악성찰山岳省察』이 유명하다.

하여, 가시마야리鹿島槍에서 죽은 조난자들의 위령비를 세우기로 계획하였다. 그러나 할멈은 막 공사를 시작하려는 1977년 1월 22일, 80세의 나이로 타계하였다. 그렇지만 전국 각지에서 몰려온 격려에 힘입어 유족들이 이 유지를 이어받아 그해에 위령비를 건립하게 되었다. 매년 신록이 아름다운 5월 1일에 등산객의 안전을 기원하며, 산에서 죽은 젊은이들을 위한 공양제가 위령비 앞에서 열리고 있다.

할멈이 등산객들에게 내놓은 다과茶菓는 전부 손수 재배한 것으로 만든 것이었다. 노자와나野沢菜 무우절임, 모과나 사과의 설탕절임, 5월에는 고사리나물, 가을에는 버섯조림, 겨울에는 차고 걸쭉한 감 등을 대접했다. 또 잊히지 않는 것은 할멈의 수타手打 메밀국수이다. 마을에서도 손꼽히는 솜씨였다. 겨울에도 찬물에 씻어서 야채, 국물 등과 함께 내어 놓았다. 밥상 앞에 정좌正座하여 대접을 받는데, 배가 잔뜩 부르면 오싹하며 떨리는 것이 특징이다. '잘 먹었습니다'라고 말하기도 전에 빨리 화롯가로 달려가게 된다. 할멈의 자랑은 창호지를 끈으로 묶어 만든 사인북「도코登高」이다. 1930년경부터 시작하여 같은 모양으로 지금까지 계속되어 이미 100권을 넘었다고 한다.

산행을 마치고 그때의 감격을 상기하면서 붓에 먹을 듬뿍 묻혀서 약간 긴장해 가며 서명하는 것은 무척 기분 좋은 일이었으며, 비라도 내릴 때는 오래된「도코登高」를 넘기며 선배들의 발자취를 직접 더듬어 보는 것도 멋진 일이다. 가시마야리鹿島槍 등산의 개척기부터 계속되어 온 것이라 이것 자체가 가시마야리의 등산사이기도 하다.

슬픈 기념이 되지 않도록 돌아가는 길에 서명하기를 권했던 할멈이었다. "아아 그야말로 힘들었지…"라고 하며 반겨 주는 할멈의 웃는 얼굴이 가시마 산장을 찾아오는 등산객의 가장 큰 즐거움이었으리라.

현재에는 2대째인 가노 리쓰코^{狩野律子}가 할멈을 이어받아 등산객의 시중과 「도코^{登高}」의 보관에 신경을 쓰고 있다.

(이 항^項은 마쓰다 류코^{松田柳子} 집필)

히라노 야스코

오제^{尾瀬}의 조조산장^{長蔵小屋}에 일생을 바치다

히라노 야스코^{平野靖子}(왼쪽),
히라노 조에이^{平野長英}(오른쪽) 부부

1906년에 군마현^{群馬県} 도네군^{利根郡} 누마타^{沼田}에서 태어났으며 마에바시 고등여학교^{前橋高女}를 졸업했다. 그 당시부터 당일치기로 근처의 산에 다니기 시작했다. 1932년에 조조산장^{長蔵小屋}을 시작했던 히라노 조조^{平野長蔵}의 장남 히라노 조에이^{平野長英}와 결혼하여 오제누마^{尾瀬沼} 호반^{湖畔}에 정착했다.

야스코는 조조산장에 들어온 후 55년 동안 쌓인 추억이 매우 많았다. 그리고 자연과의 교류, 수많은 사람들과의 만남 등이 살아가는 동안 가장 중요한 일임을 항상 느끼고 있었다. 마주치는 수많은 사람들과 자연에 대해 진심으로 감사하는 것이 야스코에게는 삶의 보람이었다.

오제의 히라노 조조의 뒤를 이어 히라노 조에이 대^代에 와서 조조

산장의 안주인으로서, 오제를 즐겨 찾는 사람들을 위하여 오랫동안 고생해 온 야스코의 노고는 이루 말로 다 할 수가 없다. 빈번했던 태풍이나 홍수, 폭설 등의 자연재해 속에서도 꿋꿋이 버텨 낸 야스코는 오제의 자연을 마음속 깊이 사랑해 왔으며, 오제를 찾아온 사람들의 마음을 헤아릴 수 없을 정도로 위로해 주었다.

히라노 조에이·야스코 부부는 두 분 모두 단가短歌를 취미로 즐겨서, 산장 일을 하는 틈틈이 단가를 지어 그동안 산장을 방문했던 등산객들에게 오제의 소식으로 보내 기쁨을 주었다. 특히 계절에 따라 변하는 오제의 풍경 묘사는 가슴속을 파고드는 멋진 것들이었다.

오랜 산장 생활에서 겪어 온 일 중에서도 자연 보호 운동에 열심이었던 아들 조세이長靖가 눈보라에 의한 조난 사고를 당한 일은 지금도 야스코의 가슴속 깊은 곳에 사라지지 않는 아픔으로 남아 있다. 자식을 잃은 어머니의 속마음이 얼마나 슬펐을까?

조조산장을 3대째로 이을 후계자가 사망한 후에도 조세이의 부인 노리코紀子가 바지런히 살림을 잘 꾸려 나가서 시즌에는 아르바이트생의 도움을 받지 않으면 안 될 정도로 많은 사람들이 찾아온다고 한다. 바쁜 일상을 보내는 모습은 남자 못지않다고 전해지니 야스코 부인의 뒤를 이어 제2의 오제의 여성이 될 것임에 틀림없다.

야스코는 현재 도구라戸倉에서 조용히 여생을 보내고 있다. 아들 조세이가 살아 있는 동안에 수집한 오제에 관한 책이나 산악 도서를 보관한 도서관이 도구라의 히라노 집 근처에 있다. 이 도서관은 이와쓰바메岩つばめ 문고라고 불리며, 이곳을 방문한 사람들이 지나는 길에

히라노 야스코^{平野靖子}

많이들 들른다고 하여, 나도 작년에 시부쓰산^{至仏山}에 갔다가 돌아오는 길에 들렀다. 거기에서 소중한 문화유산이 잘 보관되어 있는 것을 확인하고, 요절한 조세이의 뜻을 받들어 앞으로도 보다 충실한 내용이 되기를 기원하였다.

야스코 부인은 1985년부터 체력이 급격히 떨어져 병원 생활을 계속하고 있지만 지금도 원기를 회복하려고 노력하고 있다고 한다. 1967년에 지금은 고인이 된 여류 등산가 무라이 요네코 여사와 함께 히라가다케^{平ヶ岳}에 올랐던 추억이 그립다는 편지가 최근에도 왔었다. 남편인 조에이 씨는 1988년에 심부전증으로 도구라에서 타계하였다.

평생을 오제에 바친 여성 히라노 야스코 부인은 현재 83세의 고령이 되었지만, 젊은 시절부터 55년간의 오랜 산장 생활 동안에 수많은 등산객들에게 바친 그녀의 정신적, 육체적 노고는 오제의 역사 속에 언제까지나 빛날 것이다. 조조산장의 조에이·야스코 부부가 오제에 바친 삶의 기록은 변하지 않는 자연을 노래한 단가처럼 영원히 남을 것이다.

오노즈카 히사코

小野塚久子

마키하타야마^{卷機山}의 시미즈^{清水} '운텐^{雲天}'의 엄마

1932년에 도쿄 아사쿠사^{浅草}에서 태어났으나 니가타현^{新潟県} 무이카^{六日}^町 근교에 양녀로 입양되었다. 19살 때 누에를 선별하는 곳에서 일하고 있던 시기에, 지금의 민박을 운영하고 있는 시어머니 눈에 들어 오노즈카 다다오^{小野塚忠雄}와 결혼하였다. 1955년에 시미즈에 '운텐^{雲天}'이라는 이름으로 민박집을 개업하고, 마키하타야마의 등산객을 위한 숙소로서 33년간 등산객들을 친혈육과 같이 정성껏 돌봐 주어 시미즈 '운텐^{雲天}'의 엄마로 통하고 있으며, 그 명랑한 성격과 산채 요리 솜씨로 시미즈의 유명인이 되었다.

운텐^{雲天}은 니가타현^{新潟県} 미나미우오누마군^{南魚沼郡} 시오자와마치^塩^{沢町}에 있는 산속 민박집으로, 시미즈 산마루로 통하는 대로변에 있는 시미즈촌^村의 28채 민박집 중 하나이다. 오노즈카 다다오^{小野塚忠雄}는 원래 국영 철도 회사의 직원으로 시미즈 산마루에 있는 송전소를 관리하는 일에 종사하고 있었다. 겨울에는 스키로 시미즈 산마루에 올라 근무하곤 했었는데, 지금은 정년 퇴직하여 본격적으로 민박 운영에 전념하고 있다. 그는 곰 사냥의 명인이라 불리는데, 민박집의 한쪽 벽에는

커다란 곰 가죽 2장이 걸려 있다. 마음이 내키면 그때의 곰 사냥 이야기를 조용한 어조로 들려준다.

운텐雲天의 엄마인 오노즈카 히사코는 밝은 성격으로, 토종 니가타 사투리를 쓰는데 웃는 소리도 크고 호탕하며 시원시원하다.

운텐의 산채 요리는 일본에서 제일이라고 여겨질 정도로 맛있고 훌륭하며, 제철의 야채를 갖가지로 요리하기 때문인지 다 먹을 수 없을 정도의 다양한 요리 종류에 놀라지 않을 수 없었다. 언젠가 헤아려 보았더니 22종류였으며 하나하나가 최고의 요리였다.

이런 요리를 어떻게 만들게 되었냐고 물어봤더니 오노즈카 히사코는 전부 손님들로부터 배운 것이라고 겸손하게 이야기하였다. 그러나 이것은 선대로부터 배운 것을 조금도 게을리하지 않고 꾸준히 지켜온 결과임에 틀림없다.

이러한 부엌일을 혼자 꾸려 나가야 하기 때문에 오노즈카 히사코는 느긋하게 이야기를 나눌 여유조차 없다. 남편은 남편대로 바깥일인 재료 구입, 손님 마중 등으로 매우 바쁘다. 이렇게 바쁜 두 사람을 도와주는 사람이 마키하타야마巻機山 기슭에 산장을 두고 있는 각 대학의 산악부 학생들이다. 그중에서도 특히 도쿄대학의 학생들이 열심히 도와준다고 한다.

민박집 입구에는 커다란 주걱이 있고, 실내로 들어가면 이로리囲炉裏165가 있다. 여기서 차를 마시며 대화를 나누는 것도 즐거운 일 중의 하나이며, 여기에 머무는 사람들은 모두 운텐 엄마의 팬이기 때문에

---

165   농가 등에서 마룻바닥을 사각형으로 도려 파고 난방용 또는 취사용으로 불을 피우는 장치.

오노즈카 히사코 小野塚久子

같은 민박집에 묵고 있는 사람들과의 만남도 역시 멋진 일이다.

운텐 엄마의 취미를 물어봤더니 그림과 춤이라고 한다. 그녀의 글을 보면 글씨도 달필이지만 토종 니가타 사투리로 쓴 계절 소식에 그림도 그려져 있어서 마치 웃는 소리가 전해져 오는 것 같은 느낌이 들고, 문장도 정말로 재미있고 진실성이 보인다.

이와나미岩波 서점에서 발간된『WOMENS 35』,『여성들은 21세기를』1984년이라는 책에는 운텐 엄마가 쓴「산속 민박집山の民宿」이라는 제목의 다음과 같은 글이 있다.

> 매력적인 민박, 개성 있는 민박, 사람이 잠시 휴식하며 평온하게 쉴 수 있는 민박, 사람과 사람의 정겨운 만남이 있고 서로의 기분이나 생각을 나눌 수 있는 민박 등등.
> 　이러한 민박집이 될 수 있도록 꾸준히 노력하려고 하며, 민박을 하면서 각양각색의 사람들을 만날 수 있어서 정말로 좋았다. 나는 이곳의 마키하타야마卷機山를 너무나 좋아하며 산중의 민박집을 운영하고 있어서 정말 즐겁다. 요즈음은 감사하는 마음으로 가득하다.

이 운텐에 한 번 숙박하여, 엄마의 산채 요리를 맛보고 이로리를 둘러 싼 분위기에 빠져들어 오노즈카 부부의 따뜻한 정을 느끼게 되면, 두 세 번은 돌이켜 보게 되는 추억에 다시 방문하고 싶어진다.

운텐의 민박집은 1990년에 수많은 사람들의 후원에 힘입어 본래의 장소에서 조금 떨어진 숲속으로 예전의 건물을 그대로 옮겨서 새롭고 멋진 민박집으로 거듭 태어났다. 그 후에 건축물과 산채 요리에 관심을 가진 투숙객들이 많아져서 운텐 민박집의 소박함을 그대로 유지한 개축改築이나 새로운 운영 방법 등을 시도할 때가 되었다는 얘기를 들었었다. 하지만, 조용한 시미즈 부락部落이 자연 속에서 훈훈한 정을 가진 사람들에 의해 지켜져서 언제까지나 마음의 고향이 되기를 바라고 있다.

小見山妙子
고미야마 다에코

하코네^{箱根} 긴토키야마^{金時山, 1,213m}의 긴토키 아가씨^{金時娘}

하코네 긴토키야마의 긴토키 아가씨^{金時娘166} 고미야마 다에코^{小見山妙子}는 1933년 시즈오카현^{静岡県} 순토군^{駿東郡} 아시가라 마을^{足柄村}에서 아버지 고미야마 다다시^{小見山正}와 어머니 소노^{その}의 차녀로 태어났다. 아버지는 후지산의 힘이 센 짐꾼으로 후지산 정상에 있는 기상대와 관련된 일에 종사하고 있었다. 그때 나중에 작가가 된 닛타 지로^{新田次郎167}와 알게 되었다. 아버지 다다시는 시로우마다케^{白馬岳} 산정에 풍경 안내판을 설치할 때, 무게 약 50관^{貫, 190킬로그램}에 가까운 큰 돌 2개를 산기슭 2부 능선에서부터 등에 짊어지고 올라간 장사였다. 닛타 지로가 그때의 경위를 『장사전^{壯士傳}』으로 소설화하였다. 닛타 지로의 데뷔작이자 나오키상^{直木賞} 수상작이 된 소설이다.

어머니 소노는 다에코가 태어난 1933년에 다에코의 할머니가 다이쇼^{大正}시대에 시작한 긴토키 찻집^{金時茶屋}을 이어받았다. 장사로 널리

---

166 일본의 쇼와 천왕이 등산을 좋아해서 이때 산장에 있던 아가씨를 긴토키 무스메긴토키 아가씨라고 부른 데서 유래한다.

167 1912 ~ 1980, 일본 중앙 기상대에서 근무하였고 제2차 세계대전 중에는 만주 기상대에 파견 근무하였다. 1951년『장사전』으로 산악소설가로 데뷔하였고, 우리나라에서는 소설『아름다운 동행1999년 도서출판 일빛』,『고고한 사람2013년 대원씨아이』으로 알려졌다.

알려진 아버지와 긴토키 찻집을 운영하고 있는 어머니를 둔 다에코는 타고난 산 아가씨라고 할 수 있다.

그러나 그렇게 튼튼했던 아버지가 다에코가 초등학교 5학년일 때 창자꼬임으로 사망하면서 다에코의 고생이 시작된다. 어머니도 아버지의 사후에 무리한 탓으로 병이 나 버렸다. 다에코는 1947년, 불과 14살의 나이에 긴토키 찻집을 어머니로부터 이어받게 되었다. 다행히도 할머니 이사いさ가 그때까지 건재하였지만, 그 당시에는 아직 등산객이 적어 다에코의 고생은 이만저만이 아니었다. 어머니는 4년 후에 돌아가셨고 할머니도 1959년에 타계하셨다.

긴토키 찻집의 경영이 궤도에 오른 건 1950년경부터이다. 전후의 혼란으로부터 안정을 되찾아 등산객이 조금씩 늘기 시작했다. 그런 와중에 하코네에 댕기머리로 바지런히 일하는 붉은 뺨의 소녀라는 소문이 널리 퍼져 다에코는 일약 현대판 긴토키 아가씨로 알려지게 되었다.

다에코는 결혼하여 1963년에는 딸 사오리沙織를 낳았다. 사오리가 어렸을 때는 산에서 센고쿠하라仙石原에 있는 유치원까지 매일 데리고 다녔다. 1977년까지는 산장인 찻집에서 생활했으나 그 후에는 산기슭의 오야마 읍내小山町에 살고 있다. 눈이 내리면 아이젠을 부착하고 매일 1시간 정도의 거리를 짐을 지고 올랐으나 요즈음은 화물 전용 로프가 설치되어 있다.

다에코가 고생한 보람이 있는지, 요즈음은 긴토키야마를 찾는 사람이 연간 20-30만 명이나 된다. 시즌에는 하루에 2,000명이 몰려올

현 긴토키 모녀金時母娘. 오른쪽은 고미야마 다에코小見山妙子, 왼쪽은 사오리沙織이다.

때도 있다. 그 인기의 중심에는 후지산의 전망이 가장 아름답다는 장소적 요인도 있지만, 긴토키 아가씨에게 요리를 배우러 오는 사람도 적지 않다. 현재는 딸 사오리와 둘이서 '현대의 긴토키 모녀'로 등산객을 맞이하고 있다. 특히 휴일이라도 되면 사오리는 요리 학교에서 배운 실력을 발휘한다며 엄마와 딸이 이리 뛰고 저리 뛰어 야단법석이 된다.

다에코 세대에 와서 40여 년 동안 갖가지 사건도 많았다. 동반 자살한 시체를 발견한 적도 있고, 돈을 요구하는 강도에게 협박당하기도 했으며, 폭력배의 칼에 찔리는가 하면 남자에게 갑자기 껴안긴 적도 있었다. 여자 혼자서 오두막집을 지키는 것이 얼마나 고생스러웠을지 상상이 간다. 다에코는 오두막집과 자기 자신을 지키기 위해 호신술을 배워야겠다고 생각하고 공수도와 유도를 열심히 익혀 왔다. 이렇게 까지 하면서 긴토키 찻집을 지켜 왔던 근본적인 힘은 다에코와 등산객 사이의 심적 교류였다. 이것이 지금의 긴토키 찻집을 지탱해 왔다고 말할 수 있다. 다에코는 등산객들로부터 수많은 신상 상담을 받는다. 다에코와 상담할 목적으로 정기적으로 산을 찾는 사람이 있을 정도이다.

60세에 가까운 지금도 뺨이 붉고 검은 머리칼의 댕기머리를 한 다에코의 모습은 신비스러울 정도이다. 다에코에 의하면 그 건강 비법은 삼백초라고 한다. 말린 삼백초를 매일 1장씩 씹어 먹고, 그것을 삶아 우려낸 국물을 1컵씩 마셔서 검은머리가 유지되었다고 한다.

할머니 이사, 어머니 소노, 다에코, 딸 사오리까지 4대에 걸쳐 지켜져 내려온 긴토키 찻집의 오늘날 모습은 험한 자연 조건 속에서 고생을 마다하지 않고 시련을 견디며 인간관계를 소중하게 여겨 왔기 때문에 가능했으리라. 50년 가까이 긴토키 찻집에서 지낸 다에코의 삶은 산을 사랑하는 여성의 집념 그 자체이다.

제7장

해외 등산

국내 등산도 마찬가지이지만 해외 등산에서는 동시대의 남성 혹은 외국 여성의 등산과 비교해 보는 것이 역사를 되돌아볼 때 더욱더 중요하다. 그래서 본 장에서는 그런 점을 염두에 두고 정리해 보았다.

일본 여성의 본격적인 해외 등산은 전후 10년 정도 지나서부터 시작되었다. 유럽 알프스를 최초로 등반한 일본인은 외교관으로 스위스에 체류하고 있던 구리하라 조운栗原鋤雲[168]이다. 그때가 1867년이니 그 시기가 상당히 빨랐다고 할 수 있다. 참고로 몽블랑의 초등은 1786년, 마터호른은 1865년이었다.

20세기에 들어와서부터는 꽤 많은 일본인들이 알프스에 족적을 남기고 있는데, 모두 남성들이었고 여성은 전혀 없었다. 있다 해도 겨우 스키를 탔다는 정도이고 등반이라고 할 정도의 것은 찾아볼 수 없었다. 유럽의 알프스조차 그런 정도이니 히말라야는 말할 것도 없으며, 전쟁 전의 해외 원정은 제로라고 해도 좋을 것이다. 그럴 수밖에 없는 것이 일본인 남성조차도 1938년에 릿쿄立教대학 원정대의 난다코트

---

168   1822~1897, 메이지 초기의 사상가, 외교관, 저널리스트.

Nanda Kot 등반이 전쟁 전의 유일한 해외 원정이었기 때문이다.

그런 와중에도 구로다 하쓰코黑田初子[169]가 전쟁 전에 쿠릴열도의 기타치시마北千島 군도群島 중 아라이도阿頼度 섬에 있는 아라이도 후지산 2,300m과 파라무시루토幌筵島 섬의 하카마코시야마袴腰山, 그리고 북한의 백두산2,744m과 동절기 북한의 관모봉冠帽峰, 2,541m 등을 등반하였다. 당시에는 모두 일본 영토에 속해 있었던 지역이다.

유럽 알프스를 등반한 일본 여성의 기록은 1957년이 되어서 겨우 등장하게 된다. 1910년 ~ 1920년대의 마키 유코槇有恒, 가가미 요시유키各務良幸[170], 우라마쓰 사미타로浦松佐美太郎[171] 등의 신루트 개척 등반과 같은 일본 남성의 알프스에서의 활동과 비교해 보면 약 40년 정도 뒤처져 있다. 일본 여성의 알프스 등반의 선두는 가와모리 사치코川森佐智子[172]의 몽블랑과 마터호른 등정이었고, 2년 후에 구로다 하쓰코가 뮌희를 등정하였다. 둘 다 일반 루트로의 등반이었다.

이때부터 알프스뿐만 아니라 여성의 해외 등산이 각지에서 시도

---

[169] 1903 ~ 2002, 요리연구가, 일본산악회 회원. 일본 산의 위성봉에 많은 초등 기록을 갖고 있다. 남편과 공저『산의 소묘山の素描』가 유명하다.

[170] 1904년 출생, 1926년 스코틀랜드에서 암벽등반 기술을 배우고, 같은 해 6월 샤모니 몽블랑을 올랐다. 이후 마터호른에만 16회 등반을 했다. 1928년 6월에는 마터호른 북벽을 시등했으나 3분의 2 지점에서 낙석으로 포기했다. 이는 슈미트 형제의 초등정 3년 전의 일이다. 저서로 공저『산악대관山岳大観』木星社書院, 1931년이 있다.

[171] 1901 ~ 1981, 산악평론가, 영국 유학 중에 본격적으로 등반을 시작했다. 1927년 8월 아이거와 마터호른 훼른리 능을 처음으로 올랐다. 1928년 브라이트 호른과 뮌희, 융프라우를 종주, 미텔레기 능을 역으로 종주하는 등 알프스에서 많은 활약을 했다. 저서로『단 한 사람의 산たった一人の山』平凡社, 1998년이 있다.

[172] 1907 ~ 1988, 일본등고회와 일본산악회 회원. 1957년 몽블랑과 마터호른 등을 올랐다. 저서로는『첫사랑의 산初戀の山』이 있다.

되기 시작하였다. 1958년에는 고토 노부코董子後藤[173]와 스즈키 사토코鈴木耿子[174]가 와세다대학의 아프리카 원정대에 참가하여 킬리만자로5,895m를 등반하였고, 1961년에는 사토 테루佐藤テル[175] 일행이 뉴질랜드의 월트산 등을 등반하였다. 1964년에는 무카이 아키코向晶子가 동경외국어대학 원정대에 참가하여 볼리비아 안데스산맥 차차코마니Chachacomani산[176]의 남봉6,030m을 등정하였다.

국제적으로 보면, 1950년대에는 그때까지의 쇄국정책을 포기하고 문호를 개방한 네팔에 외국 등산대가 한꺼번에 몰려들기 시작하였다. 그해에 프랑스 원정대의 안나푸르나Annapurna, 8,091m 초등을 시작으로, 1960년대 스위스 원정대의 다울라기리Dhaulagiri, 8,167m 초등까지 네팔의 8,000미터급 봉우리가 모두 등정되었다. 세계 최고봉인 에베레스트Everest, 8,848m는 1953년에 영국 원정대에 의해 등정되었고, 일본 원정대는 1956년에 마나슬루Manaslu, 8,156m를 등정하였다.

히말라야 등반을 보면, 그동안 파키스탄의 8,000미터급 봉우리 5개도 모두 등정되었고 최후로 남은, 중국 영토에 있는 시샤팡마Shishapangma, 8,027m도 1964년에 중국 원정대가 초등을 기록하였다.

여기서 외국 여성의 활약상을 몇 가지 소개하면, 미국인인 패니 블락 워크먼Fanny Bullock Workman[177]이 남편과 함께 1898년부터 1912년까지 8

---

173 혼인 성씨; 오구라小倉

174 혼인 성씨; 가와이川井, 저서로『킬리만자로의 눈』實業之日本社, 1958년이 있다.

175 1904년 출생, 쇼와시대 초기 적설기 등산을 했던 여성 등산계의 선구자. 일본산악회 해외 등산 위원으로 봉사하며 해외 등산의 보급에 힘썼다. 저서로『여자 5명 뉴질랜드를 가다』가 있다.

176 최고봉은 6,074m로 알려져 있으나 정확한 측량이 이루어지지 않아 20m 정도의 오차가 있을 것으로 추측하고 있다.

177 1859 ~ 1925, 지리학자, 지도 제작자, 탐험가, 여행 작가, 등산가. 초기 전문 여성 등반가 중

번에 걸쳐 원정하여 1906년에 카슈미르 히말라야의 피너클피크Pinnacle Peak, 6,930m를 등반한 것이 세계 등반사에 기록되었다. 스위스도 참가한 국제 원정대의 대장 다이렌푸르트Dyhrenfurth[178]의 부인인 헤티 다이렌푸르트Hettie Dyhrenfurth[179]가 카라코람의 스키앙 캉리Skyang Kangri[180] 서봉7,315m에 등정한 것이 1934년의 일이었고, 비슷한 시기에 알프스에서는 1935년에 스위스의 루루 브라가 남자 파트너와 함께 그랑드조라스Grandes Jorasses의 북벽 중앙 능선을 제2등하였다. 1950년대가 되면서 걸출한 여성 등반가로 등장하는 사람이 프랑스의 클로드 코강Claude Kogan[181]이다. 카슈미르의 눈Nun, 7,135m봉을 초등한 것이 1953년이었다. 그녀는 2년 후에 네팔의 가네시히말1봉7,422m도 초등하였다.

의 한 명이다.

[178] 1918 ~ 2017, 등반가이자 영화 제작자. 1952년 스위스 2차 에베레스트 원정대를 조직하고 지휘하였으며, 1960년에는 스위스 다울라기리 원정대에도 카메라맨으로 참가했다. 1963년 미국 에베레스트 원정대 대장으로 정상에 6명의 대원을 올렸다. 독일 태생으로 1937년 미국으로 이민했다.

[179] 1892 ~ 1972, 이후 1959년 중국의 무즈타그아타 등정까지 20년 동안 여성 최고 고도 도달 기록이 깨지지 않았다.

[180] 7,545m, 스테어케이스피크Staircase Peak로도 불리는데, 그 이름에서 가리키는 봉우리는 거대한 5층 계단처럼 생긴 이스트 리지East Ridge이다. 스키앙 캉리에 최초로 도전장을 내민 사람은 1909년 K2 원정에 나선 유명한 등산가이자 탐험가인 아브루치 공the Duke of the Abruzzi, 루이지 아마데오 디 사보이아Luigi Amadeo di Savoia의 등반대였다. 1975년에 두 번째 도전을 했지만 한 사람이 죽고 또 한 사람은 헬리콥터로 구조되는 것으로 마무리되었다. 결국 이스트 리지 최초의 등정은 1976년 일본 원정대가 큰 사고 없이 성공시켰다. 1980년 유명한 미국인 등산가 제프 로Jeff Lowe와 마이클 케네디Michael Kennedy가 스키앙 캉리의 서벽에 도전했지만 겨우 7,070m를 올라가고 포기했다. 히말라야산맥 색인Himalayan Index에 따르면 그 후로 스키앙 캉리에 도전한 사람은 없었다고 한다.

[181] 1919 ~ 1959, 1959년 10월 여성만으로 꾸린 초오유 등반 중 정상 500미터 전에서 하산하다가 눈사태로 사망했다. 1946년 드류 북벽, 1951년 알파마요 초등, 1951년 키타라후Kitarahu 제2등, 1952년 살칸타이Salcantay 초등, 1953년 눈봉 초등, 1955년 가네시히말1봉(양그라 Yangra) 초등.

1898년부터 1912년에 걸쳐 히말라야를
8회 원정한 패니 블라 워크먼Fanny Bullock Workman.
그녀가 손에 들고 있는 신문에는
"여성에게도 선거권을"이라고 적혀 있다.

중국은 1959년, 나중에 에베레스트를 등정하게 되는 판톡潘多[182] 일행 8명의 여성들이 중국령 파미르고원의 무즈타그아타Mustagh Ata, 7,546m[183]에 등정하였다. 판톡이 이끄는 중국의 여성 원정대는 1961년에 같은 지역의 콩구르튜베Kongur Tiube, 7,530m[184]에도 등정하였다.

일본 여성의 히말라야 등반은 1960년 Bush산악회[185]가 주도하여 일본여성산악회 소속의 호소카와 사다코細川沙多子 일행 6명이 인도의 히마찰 히말라야당시의 명칭은 펀잡 히말라야의 데오티바Deo Tibba, 6,001m로 원정한 것이 최초일 것이다. 10월 7일에 하마나카 케이코浜中慶子와 오카베 미

---

182   1939 ~ 2014

183   당시까지 여성 최고 고도 도달 기록을 세웠다.

184   公格尔九別峰, '흰색 모자가 있는 산'이라는 이름으로 1956년 초등되었다.

185   1956년 창립된 여성 산악회로 현재까지 활동하고 있다.

치코岡部みち子가 등정에 성공했다. [186]

　1950년대부터 1960년대까지 일본의 해외 등산은 아직 외환 거래가 자유롭지 못하여 개인은 말할 것도 없고 단체에서의 원정도 마음대로 갈 수가 없었다. 그래서 친선대 등의 명목으로 해외로 나가는 경우가 많았었다.

　1965년 가을부터 한참동안 네팔은 등산을 금지하였다. 그 때문에 히말라야 원정을 계획하고 있었던 사카쿠라 도키코坂倉登喜子 일행의 에델바이스 클럽 원정대는 행선지를 변경하여 1966년에 페루 안데스에 도전한다. 원정대는 카우야라후Caullarahu, 5,682m를 등반한 다음에 페루 안데스 원정의 목표였던 코르디에라 블랑카Cordillera Blanca 산군의 네바도 푸카란라Nevado Pukaranra, 6,147m 등정에 도전했으나, 정상 부근의 크레바스에 가로막혀서 6,000미터 근처에서 등정을 포기하였다. 같은 에델바이스 클럽의 세키타 미치코関田美智子 일행 3명은 다음 해인 1967년에 볼리비아 안데스의 와이나포토시Huayna Potosí, 6,094m를 등정했다. 세키타는 1972년에 알래스카 데날리6,194m 원정대의 대장으로 참가하였으나 대원 3명이 조난당하였다. 이 사건은 여성으로만 구성된 해외 원정대 최초의 조난 사고였다. 세키타는 1974년의 마나슬루 여성 원정대에도 참가하였다.

　1965년에는 교토 주변의 여성 알피니스트를 중심으로 동인同人 융프라우가 발족되었다. 이후로 이 모임은 일본 여성의 해외 등산 원정에 있어서 선도적 역할을 하게 된다. 점차 회원이 전국으로 확산되면

186　당연히 아시아 여성 최초의 히말라야 봉우리 등정이다.

서, 마침내 1968년에 사토 교코佐藤京子, 와다나베 세쓰코渡辺節子, 아시야 요코芦谷洋子 3명의 융프라우 원정대가 파키스탄 힌두쿠시로 가서 이스토르오날Istor-o-Nal의 록피너클Rock Pinnacle, 7,200m을 고소포터 없이 등정했다. 이것은 일본 여성 최초의 7,000미터급 봉우리 등정이었다.

일본산악회 부인회는 인도 여성들과 합동 원정대를 구성하여 해외 등반을 몇 회인가 기획했었다.

그 첫 번째는 1968년 미야자키 에이코宮崎英子[187] 일행 4명과 인도인 6명으로 구성된 히마찰 히말라야 원정대로, 찬바지 역의 카일라스봉 6,656m[188]을 전원이 초등에 성공했다. 두 번째는 1976년 스다 노리코須田紀子[189] 일행 5명과 인도인 5명이 가르왈 히말라야의 카메트Kamet, 7,756m를 목표로 하였으나 여의치 않아 옆에 있는 아비가민Abi Gamin, 7,355m을 나스 후미에奈須文枝[190]와 인도 여성 2명이 등정했다. 또한 합동 원정대는 아니지만 1980년 다카하시 노부코高橋信子 일행 9명의 원정대에는 인도 여성 1명이 연락관을 겸해서 참가한 적이 있다. 인도에서는 여성 원정대에 여성 연락관을 참가시키는 경우가 많은 듯하다. 이 원정대는 가르왈 히말라야의 케다르나트 돔Kedarnath Dome, 6,831m[191]을 5명이 등정했으며, 다음 해에는 인도 여성 3명이 일본으로 와서 오쿠호다카奧穗高, 쓰루기다케劍岳 등을 함께 등반하였다.

---

187   혼인 성씨; 히사노久野

188   6,714m, 아시아에서 가장 신성한 산으로 추앙받고 있기 때문에 순례자의 최고 고도는 약 5,600m이다.

189   혼인 성씨; 후시미伏見

190   혼인 성씨; 아사오麻生

191   약칭: 케다르돔, 1941년 스위스 초등대장, André Roch, 동벽은 1989년 헝가리원정대대장, Attila Ozsváth 초등.

1969년, 네팔은 등반을 다시 해금하였다. 이해에 발족한 여자 등반 클럽은 다음 해인 1970년 5월에 미야자키 에이코宮崎英子를 대장으로 하여 네팔의 안나푸르나 제3봉7,555m에 도전하여 다베이 준코田部井淳子[192]와 히라카와 히로코平川宏子가 등정하였다. 같은 해 이전에 이스트로오날에 오른 와다나베 세쓰코渡辺節子는 일본산악회 에베레스트 원정대에 참가하여 사우스 콜7,906m에 도달함으로써 그 당시로서는 세계 최고 고도에 도달한 여성이 되었다.

여성만의 원정대를 꾸려 8000미터급 봉우리에 도전한 것은 1959년 클로드 코강Claude Kogan 일행의 초오유Cho Oyu, 8,201m 국제 원정대부터였다. 그러나 코강과 벨기에 여성 클로디네 스트라텐Claudine van der Straten-Ponthoz 그리고 셰르파 1명 등 도합 3명이 제4캠프7,543m에 도착했을 때 갑작스러운 기상 악화로 인한 눈사태가 발생하여 텐트가 통째로 휩쓸려 가 버리는 참사를 당하였다.

유럽이나 미국의 여성과 비교하여 늦게 시작한 일본 여성의 해외 등산이었지만, 여성에 의한 8000미터급 초등의 영광은 일본 여성이 쟁취하였다. 1974년, 사토 교코佐藤京子, 구로이시 쓰네黒石恒 일행의 동인同人 융프라우 원정대에 의한 마나슬루 등정이 바로 그것이다. 이때 등정한 여성들은 나카세코 나오코中世古直子, 우치다 마사코内田昌子, 모리 미에코森美枝子였다. 하지만 제2차 공격조의 스즈키 데이코鈴木貞子를 잃은 것은 유감스러운 일이었다. 이 원정은 여성의 고산 등반사에 있어서

---

192 1939 ~ 2016.10.20. 복막암으로 숨졌다. 1969년 안나푸르나3봉, 1981년 시샤팡마 이외에도 몽블랑, 킬리만자로, 아콩카과, 데날리, 엘브루스, 빈슨 매시프 등을 오르며 결국 일곱 대륙 최고봉을 다 올랐다. 평범한 주부였던 다베이는 여성 등반 역사에 한 획을 그었다.

이듬해에 이루어진 에베레스트 등정의 그늘에 가려지기는 했지만 내용적으로는 그것을 능가하는 것이라고 할 수 있다.

그리고 이듬해인 1975년, 일본의 여성 등산계는 다시 한 번 세계적인 기록을 달성하게 된다. 히사노 에이코久野英子 일행의 여자 등반 클럽 원정대가 세계 최고봉 에베레스트 등정을 달성하였

에베레스트 정상에 선 다베이 준코

기 때문이다. 다베이 준코田部井淳子 부대장 이외에는 아무도 사우스 콜에조차 도달해 본 적이 없었던 대원들은 셰르파의 도움에 의지하는 바가 컸지만, 5월 16일에 다베이가 셰르파와 함께 정상에 오름으로써 '준코 다베이'라는 이름을 세상에 떨쳤다. 그리고 11일 후에 중국 원정대의 판톡이 티벳 쪽으로부터 올라 에베레스트의 여성 제2등을 기록하였다.

이해에는 여러 가지 큰 업적들이 성취되었는데, 가을에는 영국 원정대가 그동안 난공불락을 자랑하던 에베레스트의 남서벽을 초등하였다. 또한 라인홀드 메스너와 페터 하벨러 콤비가 카라코람의 가셔브룸 1봉8,068m에서 베이스캠프를 떠나 불과 3일만에 속공으로 등정을 완수하여 그 이후의 세계 등산계에 크나큰 영향을 미쳤다.

같은 해인 1975년에 폴란드는 남녀 10명씩의 대부대로 가셔브룸

여성 최초의 8000미터급 등정.
마나슬루 정상의 우치다
마사코(内田昌子)(오른쪽)와 셰르파 잠부Jambu.
1974년.

2봉8,035m과 미답의 3봉7,952m에 도전했다. 이 원정대는 2봉 정상에 8명을 올려 보냈으며, 그중에 여성 2명이 등정했다. 3봉의 경우는 남성의 원조를 받아 가며 여성들이 주체가 되어 등반을 진행하여, 나중에 두각을 나타내는 반다 루트키에비츠Wanda Rutkiewicz[193]의 리드로 여성 4명이 초등에 성공했다. 이것은 세계의 여성 등반사 중에서도 최고의 업적으로 손꼽힌다. 반다는 3년 후인 1978년 3월에 여성 원정대를 이끌고 동계 마터호른의 북벽에 도전한다. 우연히도 시기 미쓰노리(鴨満則)와 아키코秋子 부부의 등반 시기와 일치하였으나, 반다 원정대는 정상 바로 밑에서 한 사람이 탈진하여 헬리콥터의 구조를 받을 수밖에 없어 여성 원정대에 의한 동절기 초등의 기회를 놓치고 말았다. 그러나 그녀는 이해 가을에 에베레스트 여성 제3등을 달성하게 된다. 그리고 같은 해인 1978년에 라인홀드 메스너와 페터 하벨러 콤비가 마침내 에베레스

---

193   1943 ~ 1992, 8000미터 14좌 중 8개를 등정했다. 9번째 칸첸중가에서 실종되었다.

트 무산소 등정에도 성공하였으며, 나아가 메스너는 낭가파르바트^{Nanga}

Parbat에 홀로 도전하여 성공하였다.

지금까지는 원정 대상국 정부 기관에 제출해야 하는 추천장을 일본산악협회에서 발행해 왔기 때문에 협회의 가맹단체가 아니면 해외원정에서 배제되어 왔었다. 그러나 1978년에 일본노동자산악연맹이 처음으로 네팔에 해외 원정을 갈 수 있게 되었다. 이 원정대에 참가한 오쿠타니 에미코奧谷惠美子는 파빌봉7,102m의 초등에 성공했다. 다수의 남성 속에 여성이 섞여 있는 원정대로 7,000미터급 봉우리에 여성이 오른 것은 이것이 처음이었다. 두 번째는 이시카와石川현 노동자산악연맹의 원정대에 참가한 이케우치 가요池内賀代가 1982년에 네팔의 닐기리 북봉Nilgiri North, 7,061m을 신루트로 오른 것이다. 이것은 성별이나 연령과 관계없이 등산을 대중에게 보급하는 것을 이념으로 했던 노동자산악 연맹의 활동을 상징적으로 나타내는 것이다.

그 후 다베이 준코는 1981년에 대장으로서 시샤팡마8,027m로 원정하여 중국인 남성 파트너와 함께 수면 시에만 산소마스크를 착용하고 등정에 성공했다. 여성으로서 두 곳의 8,000미터급 고봉에 등정한 사람은 다베이가 세계 최초였다.

한편, 암벽등반 분야에서도 일본 여성의 활약이 눈길을 끌게 되었다. 대학 시절부터 클라이밍을 시작한 이마이 미치코今井通子[194]는 1967

---

194 혼인 성씨; 다카하시高橋, 외국인으로서 1987년 북한을 통과하여 백두산을 처음 오르고, 『백두산 등정기』朝日新聞社, 1987년를 썼다. 주요 저서로 『나의 북벽─마터호른』1968년, 『종주─다울라기리2·3·4봉』1981년, 『단푸·미치코 부부의 느긋한 등산술ダンプ&通子の夫婦でゆったり登山術』2000년이 있다.

년에 와카야마 미코若山美子와 함께 마터호른 북벽을 등반하였고, 1969년과 1971년에는 남성 팀의 홍일점으로 아이거 북벽과 그랑드조라스 북벽을 등반하여 여성 최초로 알프스 3대 북벽의 완등자完登者가 되었다.

시기 아키코鴨秋子[195]도 모두 남편인 미쓰노리満則와 함께한 기록이지만 몇 가지 기록을 세웠다. 1978년 3월에 마터호른 북벽의 동절기 등반, 다음 해 동절기 몽블랑의 그랑 쿨르와르 초등, 1981년 그랑 필리에 당글 북벽의 보나티 자페리 루트 동절기 등반 등이다.

나가오 다에코長尾妙子에 대해서도 언급하지 않을 수 없다. 나가오는 1981년 가사마쓰 미와코笠松美和子와 함께 그랑드조라스 북벽을 17시간 만에 등반하여 평범한 남성을 능가하는 힘을 보여 주었고, 다음 해인 1982년에는 남성 파트너와 함께 같은 루트의 동절기 여성 초등에도 성공하였다. 1985년에는 소련 령領 파미르의 코뮤니즘봉[7,495m]과 레닌봉[7,134m]을 차례로 등정하였다. 그 후, 파키스탄의 낭가파르바트에 2번, 에베레스트에도 1번 도전하였으나 실패하였다. 1991년 여름에 카라코람의 브로드피크[8,047m]를 무산소로 등정하였으며, 가을에는 네팔 마칼루[8,463m]의 무산소 등정에도 성공하였다.

한편, 가사마쓰도 여성으로는 드물게 가이드 생활을 해 가면서 알피니즘을 계속 실천하여 아콩카과단독와 와스카랑파타고니아 등의 안데스를 등반하였고, 데날리를 단독 등정[1992년]하는 등 고산 등반 분야에서 착실히 활동 영역을 넓혀 갔다.

---

195 『자일의 2인』산과계곡사, 1983년, 미쓰노리와 아키코의 『청춘등반기青春登攀記』공저가 있다.

1980년대에 세계의 등산계는 코강 이래 뜸했던 국제 합동 등산을 가끔씩 볼 수 있게 되었다. 1982년에 폴란드의 루트키에비츠[196] 외 1명과 프랑스의 카트린느 데스티벨[197]의 합동 원정대가 세계 제2 고봉인 카라코람의 K2[8,611m]에 도전하였으나 실패하였다. 그러나 1984년에 초오유 합동 등반대의 미국인 베라 코마코바[198]와 체코슬로바키아의 디나 스테르보바[199]는 등정에 성공하였다. 그 외에도 외국의 합동 등반대는 눈에 많이 띄지만 일본에서는 인도와의 합동 등반대 이외에는 특별한 움직임이 없었다.

　　1983년에 K2에 도전한 국제 여성 원정대 중에서는, 안나 체르비인스카와 크리스티나 팔모브스카의 여성 2인조가 나중에 고산 포터의 도움 없이 브로드피크를 등정하였다.

　　루트키에비츠는 그 후에도 정력적으로 고산 등반을 계속하여 K2의 무산소 등정[1986년]을 포함하여 1991년까지 8,000미터급 고봉 8좌를 등정하며 타의 추종을 불허하는 '철의 여인'으로 추앙받고 있었다.

---

[196]　1943 ~ 1992, Wanda Rutkiewicz, 반다는 1986년 K2 정상에 선 최초의 여성이 되었다. 같은 날 반다보다 조금 늦게 릴리안 바라드Liliane Barrard, 1948-1986와 모리스 바라드Maurice Barrard, 1941-1986 프랑스 부부가 정상에 올랐으나 하산 중 둘 다 추락 사망하였다. 이들 부부는 우모제품을 생산하는 발란드레의 동업자이다. 이들이 몽롱한 상태에서 주고받은 마지막 말: "살아있는 사람들이 산을 내려가는 것이 보이니, 모리스?", "내게 살아있는 사람들은 아무 상관이 없어, 릴리안!"

[197]　1960 ~ , Catherine Destivelle

[198]　1942 ~ 2005, Vera Komarkova, "A woman's place is on top"이라는 슬로건을 새긴 티셔츠를 팔아 60,000불을 모아서 1978년에 안나푸르나 여성 초등의 기록을 세웠다. 1980년 다울라기리1봉, 1984년 초오유를 등반했다.

[199]　1940 ~ , Dina Sterbova, 1991년과 1992년 에베레스트 등정을 시도했고, 1994년에는 브로드피크 원정대를 이끌었다. 2006년부터 파키스탄 카라코람 히말라야 고산 마을의 의료 상황을 개선하는 데 노력했고, 2012년부터는 스카르두Skardu 지역의 비영리 시설과 고산 마을 어린이들의 환경 개선을 위해 봉사하고 있다.

그러나 그러한 '철의 여인'도 1992년 5월 12일, 아홉 번째로 시도한 8,000미터급 고봉 칸첸중가[8,586m]의 8,250m 지점에서 행방불명이 되어 버렸다. 참으로 애석한 일이다.

해가 갈수록 번성한 해외 등산이지만, 특히 70년대 중반부터 폭발적으로 원정대가 늘어 지금은 남녀 혼성, 여성 원정대 할 것 없이 세계 곳곳의 거의 모든 지역에 일본 여성이 진출하여 그 숫자는 정말로 많아졌다.

그렇다고는 해도 일본 여성이 고산 포터 없이 8,000미터급 고봉에 오르는 경우는 유감스럽게도 아직 드물다. 근래, 남편인 하루유키晴行와 함께 3년 연속으로 8,000미터급 고봉을 무산소 등정하고 있는[1988년 낭가파르바트, 1989년 가셔브룸1봉, 1990년 가셔브룸2봉] 엔도 유카遠藤由加는 그렇게 드문 여성 중의 한 사람이다. 1991년에는 아쉽게도 브로드피크와 다울라기리의 등정을 놓쳐 버렸지만 아직 젊으니 루트키에비츠의 업적을 뒤따르는 존재가 될 가능성도 있다.

그 외에도 여성 등반 클럽의 제2세대라고 할 수 있는, 야스하라 마유리安原真百合, 기무라 후미에木村文江, 야나기자와 노부코柳沢伸子 등의 활약도 눈에 띈다. 여자 등반 클럽 이외의 해외 원정도 적지 않으나, 1988년에는 가셔브룸2봉에 하시모토 시오리橋本しをり 대장 이하 전술前述한 3명과 기타카와 미하루北川みはる 등 5명이 같은 날 등정했다. 8,000미터급 고봉에 여성이 5명이나 한꺼번에 등정한 것은 사상 초유의 일이었다. 더욱이 야스하라와 기무라는 1990년에 다울라기리1봉에도 등정했다.

게다가 요즈음에는 여성 등반가가 히말라야 등에서 남성이 주체인 대규모 원정대의 대장으로 활약하는 경우도 있는데, 이는 특필해야 마땅한 일이리라.

다카하시 미치코高橋通子는 가모시카동인회 원정대의 대장으로서 1979년 다울라기리2봉7,751m ~ 다울라기리5봉7,585m의 교차 종주를 지휘하였고, 1983년부터 1984년, 1985년부터 1986년에 걸쳐 동절기의 초모랑마 북벽 원정대를 지휘하였다. 1987년에는 초오유에 도전하여 자신을 포함한 6명의 전 대원이 등정에 성공하였다.

엔도 교코遠藤京子는 동인 융프라우 원정대의 히말라야 등반 이외에도 교토京都산악회의 중국령 천산산맥 보거다봉博格达峰, 5,445m 원정대 등반대장, 1989년 교토산악회 원정대의 대장으로서 중국의 미답봉인 신청봉新青峰, 6,860m에 도전하였다.

나가오 다에코長尾妙子도 1986년에 파미르, 1990년에 낭가파르바트에 대장으로서 원정하였다.

남성의 해외 등산이 개척된 루트로의 등정만이 아니라 보다 어려운 신루트로의 등정이나 에베레스트를 필두로 8,500미터를 넘는 초超고봉에도 무산소로 도전하는 경우가 많은데 비해, 여성특히 일본의 해외 등산의 경우에는 여전히 고전적인 방법이 대부분이다. 그러나 앞으로 여성 원정대, 혼성 원정대를 가리지 않고 일본의 해외 등산은 한층 번창하게 될 것이리라.

일본 여성 등산사 연표

개인 등산

1832년 다카야마 다쓰高山たつ와 후지도不二道 교주 고타니 산시小谷三志,
후지산 등산.

1867년 영국공사 부인 파크스, 후지산 등산.

1872년 여인금제 해제. 7월 돗토리鳥取의 여성 하쿠산白山 등산.

1873년 가네히라 기료兼平亀綾, 이와키산岩木山 등산.

1891년 네덜란드인 요하니스 데리케, 다테야마立山 등산.

1895년 노나카 치요코野中千代子, 남편과 함께 10월 12일부터 72일간 후지산
정상에서 체류.

1905년 일본산악회 창립.

1906년 일본산악회원 노구치 유카野口幽香, 이와테산 등산.
다테야마立山 신관神官의 딸, 다테야마 등산.

1913년 웨스턴 부부, 야리가다케槍ケ岳, 오쿠호다카다케奥穂高岳 등산.

1917년 도쿄와 오사카의 부녀 기자들 6인, 마에호다카다케前穂高岳 등산.

1919년 타케우치 이사竹内いさ, 남편과 야리가다케槍ケ岳 등산.

1920년 타케우치 이사, 남편과 카시마야리鹿島槍, 하리노키다케針の木岳부터
다테야마, 쓰루기다케剱岳 종주.

1923년 무라이 요네코村井米子, 호다카다케穂高岳부터 야리가다케槍ケ岳 종주.

1927년　나카무라 데루中村テル, 설날에 후지산 등산.
　　　　4월 구로다 하쓰코黒田初子 부부, 시로우마다케白馬岳 스키 등산.

1928년　구로다 하쓰코黒田初子, 남편과 도야마가와 니시자와遠山川西沢 ~
　　　　히지리다케聖岳 최초 종주.

1929년　5월 구로다 하쓰코 부부, 후지산 스키 등산. 8월 코야리小槍 등반
　　　　후 오쿠호다카다케奥穂高岳 ~ 니시호다카다케西穂高岳 종주. 이마이
　　　　기미코今井喜美子 부부, 호다카다케穂高岳 ~ 야리가다케槍ヶ岳 종주.

1930년　구로다 하쓰코 부부, 시라하기가와白萩川 ~ 쓰루기다케
　　　　고마도剱岳小窓, 산노마도三ノ窓, 야쓰미네봉ハツ峰 등반.
　　　　이치야나기 요시코一柳佳子, 코야리小槍 등반.

1931년　1월 구로다 하쓰코 부부, 야리가다케槍ヶ岳 스키 등산.
　　　　8월 마에호다카다케前穂高岳 북능선 등반. 무라이 요네코,
　　　　다케사와岳沢 ~ 마에호다카前穂高, 오쿠호다카奥穂高 종주.

1932년　구로다 하쓰코黒田初子 부부, 나메리카와滑川, 코스모가와越百川,
　　　　코시부카와小渋川, 아라카와荒川를 처음으로 거슬러 올라감. 같은 해
　　　　카와모리 사치코河森左智子, 오쿠호다카다케奥穂高岳 스키 활강.

1933년　1월 카와모리 사치코河森左智子, 기타호다카다케北穂高岳,
　　　　오쿠호다카다케奥穂高岳 등산.
　　　　8월 이마이 기미코今井喜美子 부부, 쓰루기다케剱岳 얏쓰미네봉,
　　　　겐지로源次郎 능선 등반.

1936년　카와모리 사치코河森左智子, 마에호다카다케前穂高岳 4봉
　　　　오쿠마타시로사奥又白側 등반.

1938년　1월 나카무라 데루中村テル, 금강산북한의 금강산 등산.
　　　　8월 우에다 야스코上田安子, 호죠 리이치北条理一와 쓰루기다케剱岳
　　　　암봉 등반.

1941년　5월~6월 하세가와 시즈코長谷川静子, 신무라 쇼이치新村正一와
　　　　기타카마北鎌 능선, 마에호다카다케前穂高岳 4봉 마쓰다카松高 루트
　　　　등반.

사회인 등산

1906년 일본산악회에 노구치 유카野口幽香 입회.

1916년 시바우라芝浦산악회현 히가시바 창립. 익년 여성 1명 입회.

1930년 요코하마橫浜산악회 창립. 같은 해 여성 4명 입회.

1931년 도쿄 YWCA산악회 창립. 일본등고회 창립, 같은 해 여성 2명 입회.
도쿄시청현 도쿄도청에 산악부 설립. 여성 여러 명 참가.

1933년 11월 YWCA산악회 가라마쓰다케唐松岳 ~
카시마야리가다케鹿島槍ヶ岳 종주.

1934년 도쿄철도국 스키·산악부에 여자 여러 명. YWCA산악회의 미타三田
자매, 1월 아사마야마浅間山 계곡에서 도쿄철도국 산악부 4명과 함께
조난. 1932년 창립된 후쿠오카福岡산악회에 여성 1명 입회.

1935년 오사카에 클럽 에델바이스 창립.

1936년 도쿄등보계류회東京登歩渓流会의 사사부치 나미코笹淵奈美子,
타니가와다케谷川岳 이치노쿠라니노사와히다리마타一ノ倉二の沢左俣
등반.

1937년 사사부치 나미코笹淵奈美子, 타니가와다케谷川岳 유노사와幽の沢 중앙릉
초등반. 도쿄 아르코와회에 부인부 생김.

1938년 3월 클럽 에델바이스의 하세가와 시즈코長谷川静子와
우에다 야스코上田安子, 쓰루기다케剱岳 등산.

1940년   일본전기 미타三田산악부에 여성 입회.

1941년   2월 산악 순례 클럽의 와다나베 야스코渡辺泰子, 엄동기 후지산 등산.
        1931년 창립한 일본흥업은행 산악·하이킹부에 여성 입회.

1943년   히다飛驒산악회의 야리槍, 호다카穂高 등산로 정비에 여성 참가.

1944년   니가타新潟철공 등산과 스키부에 여성 11명.

1947년   1918년 창립한 야마가타山形산악회에 여성 입회.
        일본교통공사 카라마쓰からまつ산악회 창립, 여성 5~6명.

1948년   야스다安田화재해상보험에 산악부 녹봉회綠峰會 창립, 여성 여러 명
        입회.

1950년   일본중공업 산악부 카지에 일행 3명, 동계 스즈카 고자이쇼다케
        鈴鹿御在所岳 토우나이藤内벽 등반.
        요코하마橫浜 세관에 산악부 창립, 여성 여러 명.

1951년   제일은행, 기상청, NHK, 미쓰비시三菱전기 산악부에 여성 부원.

1952년   야하타八幡제철소 산악부에 여성 부원.

1955년   에델바이스 클럽 창립. 미쓰비시三菱상사, 나고야名古屋 세관, 키야논,
        미야기宮城현청 산악부에 여성 부원.

1956년   Bush산악회, 미노와카이みのわ会 창립. 마루젠丸善산악부에 여성
        부원.

1957년   나고야 철도관리국, 코니카小西六 본사, 흥국인견 파르프,
        아사히朝日생명, 일본항공 본사, 공동인쇄, 일본광학 산악부에 여성
        부원.

학교 등산

1902년 나가노고등여학교, 이 해부터 1952년까지 토가쿠시야마戶隱山 등산.

1903년 삿포로고등여학교, 모이와야마藻岩山 등산.

1906년 도쿄부립 제일고등여학교, 나가노고등여학교와 함께 후지산 등산
시작. 아카이시明石여자사범, 후지산 등산.
니가타나가오카新潟長岡고등여학교, 나에바산苗場山 등산 시작.

1909년 니가타타카다新潟高田고등여학교, 묘코산妙高山 등산 시작.
8월 사립 히로사키弘前고등여학교, 이와키산岩木山 등산.
같은 해 10월 현립 히로사키고등여학교, 이와키산岩木山 등산.

1911년 우쓰노미야宇都宮고등여학교, 나스다케那須岳 등산.

1912년 우쓰노미야고등여학교, 난타이산男体山 등산.

1915년 오사카유히가오카大阪夕陽丘고등여학교, 등산부 설립.
나라奈良여자고등사범, 후지산 등산 시작.

1916년 시즈오카静岡 제1고등여학교, 류소잔竜爪山 등산 시작.

1917년 도야마富山여자사범, 다테야마 등산.
우쓰노미야宇都宮고등여학교, 후지산 등산.

1919년 도야마여자사범과 현립 도야마고등여학교, 다테야마 등산.
이시카와石川여자사범과 현립 제일고등여학교, 시라야마白山 등산.
시즈오카 제1고등여학교, 도쿄여자고등사범부속여고, 후지산 등산.

도쿄 부립 제일고등여학교 시로우마다케^{白馬岳} 등의 등산 시작.

에히메^{愛媛}여자사범, 이시즈치산^{石鎚山} 등산.

1920년   스와^{諏訪}고등여학교, 야쓰가다케^{八ヶ岳} 등산 시작.

이나^{伊那}고등여학교, 기소코마가다케^{木曾駒ヶ岳} 등산 시작.

1921년   우라와^{浦和}고등여학교우라와제일여고, 오다와라^{小田原}고등여학교,

후지산 등산 시작.

도쿄 부립 제3고등여학교, 쓰바쿠로다케^{燕岳} ~ 오텐쇼다케^{大天井岳}
종주.

아마가자키^{尼崎}시립고등여학교, 롯코산^{六甲山} 등산.

1922년   부립 제3고등여학교 쓰바쿠로다케 ~ 야리가다케 종주.

시즈오카 제1고등여학교, 시로우마다케 등반.

스와고등여학교, 쓰바쿠로다케 등반.

스자카^{須坂}고등여학교, 토가쿠시야마^{戸隠山} 등산.

노자와^{野沢}고등여학교, 야쓰가다케 등반.

치바토가네고등여학교, 아사마야마^{浅間山} 등산.

이야마^{飯山}고등여학교, 스키 시작.

에히메현 이마바리고등여학교, 슈소^{周桑}고등여학교,

이시즈치산^{石鎚山} 등산 시작.

1923년   부립 제3고등여학교 등산부 설립.

미야기^{宮城}현립고등여학교, 자오산^{蔵王} 등산 시작.

이와테^{岩手}현 도노^{遠野}고등여학교, 롯코우시산^{六角牛山} 등산.

우쓰노미야^{宇都宮}고등여학교, 알프스 등산.

오사카 오테마에^{大手前}고등여학교, 후지산 등산 시작.

1924년   나라^{奈良}고등여학교 사유지^{師有志}, 다테야마, 쓰루기다케^{劔岳} 등산.

에히메^{愛媛}현 사이조^{西条}고등여학교, 이시즈치산^{石鎚山} 등산.

1925년   나가노^{長野}현 오오마치^{大町}고등여학교, 시로우마다케^{白馬岳},
렌게다케^{蓮華岳} 등산 시작.

시즈오카^{静岡}현 하마마쓰^{浜松}고등여학교,

같은 현 토모에^巴고등여학교 후지산 등산 시작.

1926년 군마^{群馬}현 시부카와^{渋川}고등여학교, 미즈사와야마^{水沢山}, 묘기산^{妙義山}
등산.
스와^{諏訪}고등여학교, 노리쿠라다케^{乗鞍岳} 등산.
하나마키^{花巻}고등여학교, 이와테산^{岩手山}, 하야치네^{早池峰},
아키타코마가다케^{秋田駒ヶ岳} 등산. 후쿠시마^{福島}여자사범 생도 4명,
아즈마^{吾妻} 연봉에서 조난.

1927년 도쿄 부립 제4고등여학교, 도쿄 부립 제6고등여학교, 시즈오카^{静岡}
세이신^{誠心}고등여학교, 현립 요코하마^{横浜}제1고등여학교,
히라쓰카^{平塚}고등여학교, 기후^{岐阜}현 토미타^{富田}고등여학교와 함께
후지산 등산 시작.
이나^{伊那}고등여학교, 쓰바쿠로다케^{燕岳} 등산.
오사카^{大阪}쇼인^{樟蔭}고등여학교, 오사카쇼인여자전문학교,
야리가다케^{槍ヶ岳} 등산.
현립 도야마^{富山}고등여학교 산악부 창립.
도쿄 부립 제1고등여학교, 나가노^{長野}이이야마^{飯山}고등여학교
스키 합숙.

1928년 스와^{諏訪}고등여학교, 야케다케^{焼岳} 등산.
나가노^{長野} 모치즈키^{望月}고등여학교, 야쓰가다케^{八ヶ岳} 등산.
돗토리^{鳥取} 야즈^{八頭}고등여학교, 다이센^{大山} 등산.
시즈오카^{静岡} 카케가와^{掛川}고등여학교, 북알프스 등산.
현립 도야마^{富山}고등여학교, 다테야마 등산.

1929년 현립 가나자와^{金沢} 제1고등여학교현재 없음, 시라야마^{白山} 등산 시작.
삿포로^{札幌}고등여학교 다이세쓰잔^{大雪山} 등산.
이이야마^{飯山}고등여학교 토가쿠시야마^{戸隠山} 등산.
아오모리^{青森} 현립 제3고등여학교 스키 시작.
도쿄여자사범, 이이야마고등여학교에 스키 합숙.

1931년 오사카^{大阪} 오테마에^{大手前}고등여학교 에보시다케^{烏帽子岳} ~
야리·호다카가다케^{槍·穂高岳} 종주.

도야마富山 우오즈魚津고등여학교, 다테야마 등산.

이나伊那고등여학교 센조다케仙丈岳 등산 시작.

요코스카橫須賀고등여학교, 죠넨다케常念岳 등산.

도쿄 메구로東京目黑고등여학교, 시즈오카여자상고, 후지산 등산
시작.

1932년 이이야마고등여학교, 죠넨다케 등산.

시즈오카 제1고등여학교, 다테야마 등산.

요코스카고등여학교, 후지산 등산 시작.

1933년 쇼인여전, 하리노키다케針の木岳 ~ 다테야마, 쓰루기다케劔岳 등산.

나라奈良고등여학교 교사 산악부, 쓰루기고젠劔御前 ~ 다테야마 등산.

요코스카고등여학교, 이이야마고등여학교, 시로우마다케白馬岳
등산.

치바千葉 사쿠라佐倉고등여학교 사쿠라토코佐倉東高, 후지산 등산.

요코하마橫浜고등여학교 산악부, 탄자와산丹沢山 등산.

후쿠시마福島 기타카다喜多方 스키부 창립.

고후甲府고등여학교甲府西高에 산해부山海部 창립.

1934년 후쿠시마福島 모토미야本宮고등여학교, 아즈마야마吾妻山 등산.

히라쓰카平塚고등여학교, 시로우마다케白馬岳 등산.

오사카大阪여전, 산악부 창립.

사이조西条고등여학교, 산악부 창립 후 시코쿠四国산맥 종주.

1935년 메구로東京目黑고등여학교 스키부 창립.

요코하마 제1고등여학교, 스키 시작.

1936년 후쿠오카福岡 미시마三島고등여학교, 스키부 창립.

시즈오카 제1고등여학교, 야리가다케 등산.

군마群馬현 오타太田고등여학교, 시로우마다케 등산.

1937년 이마바리今治고등여학교, 북 알프스 등산.

1938년 효고兵庫 니시미야西宮고등여학교, 북 알프스 등산.

삿포로札幌시립고등여학교 등산부 창립.

1939년   시즈오카키요미즈静岡清水학원, 후지산 등산.

1940년   치바千葉고등여학교, 원족遠足등산부 창립.

1942년   아키타秋田 노시로能城고등여학교, 아키타 코마가다케駒ヶ岳 등산.

1943년   현립 야마가타山形 제2고등여학교山形北高, 산악부 창립.

1946년   오차노미즈여대 부속고, 산악부 창립.
        메이지대학 산악부 여자 2명 입회.

1948년   야마가타기타고山形北高, 제3회 전국체전 규슈九州 구주산九重山에서
        여자고등학교로서 첫 참가.
        도립 국립고 산악부 창립.

1949년   후쿠이福井현 다케후武生고등학교 산악부 창립.

1950년   삿포로기타고札幌北高 산악부 창립.

1951년   히라쓰카에미나미고平塚江南高, 무코가와武庫川여자대학 산악부 창립.
        도쿄대학, 홋카이도대학, 가쿠게이学芸대학, 와세다早稲田대학,
        오사카大阪대학, 다마多摩고등학교 산악부에 여자 입회.

1952년   일본대학, 아오야마青山학원대학 산악부에 여자 입회.

1953년   교육대학 쓰쿠바筑波대학, 나가노長野현 모치즈키望月고등학교
        산악부에 여자 입회.
        도쿄여자대학 산악부 창립.

1954년   일본여자대학 산악부 부활.
        게이오慶応여고에 산악부 창립.
        홋카이도 가쿠게이 대학 산악부에 여자 입회.

1955년   나가노長野현 후에쓰風越 고등학교, 우라와浦和제1여고 산악부 창립.
        사이타마埼玉대학 산악부에 여자 입회.

1956년   세이케이成蹊대학 산악부에 여자 입회.
        히로사키弘前대학 산악부 창립, 여자도 입회.
        효고兵庫 이타미伊丹고등학교 산악부 창립.

1957년 이와테^{岩手}대학, 준텐도^{順天堂}대학 산악부 창립.

도립 다치카와^{立川}고등학교, 요나고^{米子}제4고등학교에 여자 입회.

오다와라죠나이^{小田原城内}고등학교 산악부 창립.

1958년 오차노미즈^{お茶の水}여자대학, 도쿄여자의대,

도립 시노부가오카^{忍岡}고등학교, 칸다^{神田}여학원,

다치카와^{立川}여고 산악부 창립.

에히메^{愛媛}대학 산악부에 여자 입회.

1959년 법정대 산악부에 여자부 창립.

시즈오카^{静岡} 후타바^{双葉}고등학교 산악부 창립.

해외 등산

이 연표는 일본 여성의 해외 등산을 최대한 상세히 파악하고자 했다. 참고 자료는 주로 『산악연감^{산과계곡사}』의 각 연도판, 그 외에 『山と谿谷^{산과계곡}』, 『岳人^{산악인}』, 『山と仲間^{산과 동료}』 등의 각종 산악 잡지, 또는 각 등산대 스스로가 간행한 「보고서」 류이다. 그러나 이러한 출판물에 수록되지 않은 기록은 수없이 많으며, 또 보고서 류는 그 모든 것이 집중되는 시스템이 어디에도 돼 있지 않은 현황이기 때문에, 전부를 훑어보는 것은 불가능했다. 훌륭한 기록을 남겼더라도 발표되지 않은 상태로 있는 것 등, 실제로는 여기에 수록한 것 이외에도 많은 기록이 묻혀 있다는 것은 틀림없지만, 이번에는 힘이 모자라 여기까지가 최선이었다. 또한 이름으로는 남녀의 구별이 되지 않아서 의문스러운 것은 게재하지 않는다는 방침에 따라 싣지 않은 자료가 조금 있다. 다음 연구자에게는 이것을 디딤돌로 하여, 더욱 충실히 만들어주기를 부탁한다.

수록 기준은 히말라야 및 안데스 등의 고봉은 대중적인 산의 기록이라도 발표되지 않은 것은 보이는 대로 수록했으나, 그 외 산에 대해서는 개개의 산, 루트에 대해서 초기의 기록 이외는 원칙으로써 생략하였다. 또한 1991년도의 기록은 아직 부족한 수록인 점, 1992년은 정리되지 않았기 때문에 수록하지 않은 점에 양해를 구한다.

(1992년 8월 곤도 카즈요시近藤和美)

1957년
— 카와모리 사치코川森佐智子; 알프스 마터호른4,478m, 몽블랑4,810m 등정.

1958년
— 고토 스미레코後藤菫子, 스즈키 사토코鈴木耿子; 와세다대학 아프리카
  원정대에 참가하여 킬리만자로5,895m 등정.

1959년
— 구로다 하쓰코黒田初子; 알프스 묀희4,107m 등정.

1960년
— 일본여성산악회 소속 호소카와 사다코細川沙多子 일행;
  인도 히마찰 히말라야의 데오티바6,001m에 하마나카 케이코浜中慶子,
  오카베 미치코岡部みち子가 등정. 그 외 대원은 하라 요시코原欣子,
  오쿠가와 유키에奥川雪江, 스기우라 요코杉浦燿子.

1961년
— 사토 테루佐藤テル, 타무라 교코田村協子, 스즈키 사토코鈴木恥子,
  모리 히로코森宏子, 고토 스미레코後藤菫子 일행; 뉴질랜드 월터2,881m 등정.

1964년
— 무카이 아키코向晶子; 도쿄외국어대 원정대에 참가해서 볼리비아 안데스의
  차차코마니 남봉6,030m 등정.

1966년

– 사카쿠라 도키코坂倉登喜子 일행의 에델바이스 클럽 원정대; 페루 안데스의 카우야라후5,636m 등정. 그 후, 주목표인 푸카란라6,147m를 시도했으나 6,000m에서 단념. 그 외 대원은 구로이와 히사시黑石恒, 마쓰다 류코松田柳子, 스즈키 아야鈴木文, 네모토 요코根本洋子, 오자와 쓰타大沢蔦, 미우라 타미코三浦多美子, 카메이 마유미亀井まゆみ.

1967년

– 세키타 미치코関田美智子 일행; 볼리비아 안데스의 와이나포토시6,094m 등정. 그 외 대원은 시미즈 사토코清水聡子, 아베 마사코阿部正子.

– JECC의 이마이 미치코今井通子, 도쿄여자의대 산악부와 와카야마 요시코若山美子; 여성 둘이서 마터호른 북벽 등반.

1968년

– 미야자키 에이코宮崎英子 일행 일본산악회·인도합동여성대; 인도 히말라야의 찬바 카일라스6,656m 초등정. 그 외 대원은 스다 노리코須田紀子, 미시마 요코三島蓉子, 오리이 마사코折井正子.

– 사토 교코佐藤京子 일행 동인 융프라우 원정대; 힌두쿠시파키스탄 이스토르오날Istor-o-Nal의 록·피너클7,200m 등정. 일본 여성 최초 7,000m봉 등정. 그 외 대원은 아시아 요코芦谷洋子, 와다나베 세쓰코渡辺節子.

1969년

– 이마이 미치코今井通子, JECC대의 일원으로서 알프스 아이거3,970m 북벽 일본 직등 루트를 초등반.

1970년

– 파키스탄 힌두 라지Hindu Raj에 원정하여, 골드한·좀6,200m 등을 목표로 한 동인 등반대에 구리바야시 슈코栗林修子가 참가.

— 미야자키 에이코宮崎英子 일행 여자등반클럽대; 네팔 히말라야의
  안나푸르나 3봉7,555m에 다베이 준코田部井淳子, 히라카와 히로코平川宏子가
  등정. 그 외 대원은 히라노 에이코平野栄子, 우루시하라 치에코漆原知栄子,
  야마자키 토시에山崎茂利江, 사토 레이코佐藤礼子, 마니타 미치코真仁田美智子,
  오노 교코大野京子, 의사.

— 와다나베 세쓰코渡部節子; 일본산악회 에베레스트 원정대에 참가해서
  사우스 콜7,906m까지 진행.

— 다베이 준코田部井淳子, 유라이 마사코平川宏子, 야마자키 토시에山崎茂利江;
  이란 데마벤드5,670m 등산.

1971년

— 이마이 미치코今井通子; 도쿄 근로자산악연맹 원정대에 참가하여
  그랑드조라스4,208m 북벽 워커 능선 등반.
  여성 최초의 알프스 3대 북벽 완등자가 됨.

1972년

— 오쿠라 후미에小倉芙美江 일행 6인의 Bush산악회 원정대;
  페루 안데스 초피칼키6,400m와 와스카랑6,768m 전원 등정.

— 세키다 미치코関田美智子 일행 능설회凌雪会; 알래스카 데날리6,194m에 원정.
  웨스트 립에서 야시마 노부에矢島信枝, 도야마 미쓰코外山みつ子,
  와다나베 타쓰코渡辺達子 3인이 정상 부근에서 조난사.
  그 외 이노우에 스에코井上末子 참가.

— 데오티바에 등정하고 가네시히말 원정에 참가했던
  이모토 다카코井本貴子가 병사.

1973년

— 와다나베 치에코^{渡辺知恵子}; 인도 시카르 베^{Shikar Beh, 6,201m}에 등정한 군마현 근로자산악연맹대에 참가.

— 오카모토 요시코^{岡本美子}; 마터호른에서 조난사.

1974년

— 사토 교코^{佐藤京子}와 구로이와 히사시^{黒石恒} 일행 동인 융프라우대; 네팔의 마나슬루^{8,156m} 원정. 당초 미답의 동릉을 목표로 했으나, 6,000m에서 단념하고 초등루트로 등정. 나카세코 나오코^{中世古直子}, 우치타 마사코^{内田昌子}, 모리 미에코^{森美枝子}가 여성으로서 세계에서 처음 8,000m봉 등정에 성공했으나, 스즈키 데이코^{鈴木貞子}가 조난사. 그 외 대원은 세키다 미치코^{関田美智子}, 사카쿠라 마사코^{坂倉昌子}, 나카시마 토모미^{中島睦美}, 이토 토모코^{伊藤知子}, 하라다 시즈^{原田志津}, 쿠리바야시 나오코^{栗林直子}.

— 다나카 에이코^{田中英子}; 요코하마산악협회 네팔 피크29^{7,835m} 등산대에 참가.

— 고야마 무츠코^{小山睦子}; 네팔 푸모리^{7,161m}에 등정한 클럽 쿠모미네^{雲峰}대에 참가.

— 다나카 미요코^{田中三代子}; 인도 바이하리조트 북봉^{Baihali Jot North, 6,290m}에 도전한 나가노현 근로자산악연맹 등산대에 참가.

— 코사토 시즈코^{浦井雅子}; 바이하리조트 남봉^{6,294m}을 목표로 한 계령회^{溪嶺會}대에 참가.

— 마에다 요시코^{前田好子}, 시바자키 요시코^{芝崎良子}, 오카 유미코^{岡油美子}, 유하라 쇼호^{湯原小芳}; 인도 아리라트니 티바^{Ali Ratni Tibba, 5,470m}를 등정한 요도야바시^{淀屋橋}근로자산악연맹대에 참가.

— 나카무라 키미코^{中村君子}, 타케이 타마미^{武井朱美}; 파키스탄 카라코람 투이1봉^{Thui I, 6,660m}을 초등정한 운효 구락부^{雲表倶樂部}대에 참가.

1975년

- 도쿄 코부시야마노카이こぶし山ノ会대의 야마자키 노리코山崎 のり子;
말레이시아 키나발루4,102m 12봉을 등정.

- 다베이 준코田部井淳子; 여자등반클럽대의 에베레스트 원정대에서 셰르파와
함께 등정. 세계 최고봉에 선 최초의 여성이 됨.
그 외 대원은 마니타 미치코真仁田美智子, 나스 후미에奈須文江,
와다나베 유리코渡辺百合子, 나가누마 마사코永沼雅子,
하라시마 테루요平島照代, 시오우라 레이코塩浦玲子, 아라야마 후미코荒山文子,
미하라 요코三原洋子, 나카 사치코中幸子, 호타니 유미穂谷由美, 기타무라
세츠코北村節子, 후지와라 스미코藤原すみ子, 사카타 아키코阪口昌子, 의사.

- 가미카와 교코上川鏡子, 니시무라 카즈코西村和子; 오사카부산악연맹등정 멤버는
귀환하지 못함의 네팔 다울라기리 4봉7661m 초등정 원정대에 참가.

- 다카하시 미치코高橋通子; 다울라기리 4봉 제2등에 성공한11명 등정 카모시카
동인대의 원정에 의료대원으로 참가.

- 카미모토 유키코垣本由起子, 히라카 토시코平賀年子; 인도 시클 문Sickle Moon,
6,574m 초등정을 목표로 한 일본·인도합동대일본 육해공자위대 등반대의 원정에
참가.

- 호시노 유코星野優子; 인도 브라마2봉Brammah II, 6,425m 초등정에 성공한
삿포로札幌산악회의 원정대에 참가.

- 요시다 히세吉田久枝, 아오키 세이코青木清子; 카라코람 K127,468m를 등정한
이치카와一川산악회 원정대에 참가.

- 스즈키 츠나鈴木津奈, 다카하시 스미코高橋澄子; 카라코람 살토로 캉리7,742m를
목표로 한 도쿄북능산악회 원정대에 참가.

- 코야나기 세이코小柳せい子, 코미야 야스에小宮安江, 미야타케 준코宮武順子;
도쿄악인구락부東京岳人倶樂部 데날리등산대에 참가.

- 이와쓰루 후사코岩鶴フサ子, 이노우에 미치코井上美知子; 알래스카 리갈Regal,
4,220m에 전원 등정한 알파인클럽 케른등산대에 참가.

- 요코야마 토키코橫山季子; 알래스카 샌퍼드Sanford, 4,950m를 목표로 한
  나가노산족회 원정대中野山族会隊에 참가.

- 캐나다 유콘 지역 스틸Steele, 4,932m에 등정한 카지카河鹿악우회대에
  미치오카 도키코道岡利生子가 참가.

- 유콘 밴쿠버Vancouver, 4,823m 북봉에 전원 등정한
  산악회봉등산대山の会蜂登山隊에 이나자와 시즈코稲沢静子가 참가.

- 페루 와스카랑 북봉Huascaran Norte, 6,655m에 시로쿠모야마노카이(여성대)
  白雲山の会(女性隊) 아비코 미치코我孫子美知子, 도야마 소매当山初江, 마시마
  미와코真島美和子가 등정. 하산 시 2명이 크게 추락했으나 구조됨.

- 페루 와가룬초Huagaruncho, 5,748m 미답의 북동릉을 전원 등정한
  타카마쓰노산대高松労山隊에 아키야마 사토미秋山智実, 미쓰모토
  요시코光元よし子가 참가.

1976년

- 안도 케이코安藤啓子; 네팔 람중히말6,983m에 13명이 등정한 고치高知현
  등산대에 참가.

- 나스 후미에奈須文枝; 일본산악회·인도합동여성대, 인도 히말라야
  카메트Kamet, 7,756m에 도전하여, 인접한 아비가민Abi Gaminm 7,355m에
  인도 대원 2명과 함께 등정. 그 외 일본 측 대원은 타카모토 노부코高本信子,
  시미즈 하루미清水春美, 토미타 유키코富田由起子.

- 사토 마치코佐藤真知子; 인도 미야르 나라Miyar Nara 계곡 발원지인
  6,546m봉을 목표로 한 시즈오카静岡산악대에 참가.

- 노가와 하쓰에野川初江, 사토 카쓰코佐藤勝子; 인도 카슈미르 하라무크Haramukh,
  5,142m를 목표로 한 육봉六峰산악회 원정대에 참가하여 등정.

- 나가타 하기코中田晴紀子, 타카자와 마치코高沢満知子; 카라코람 무즈타그
  타워7,273m에 도전한 RCC II등산대에 참가.

— 마쓰모토 나오코松本直子; 데날리 웨스트 립으로 전원 등정한 알파인클럽
설선사雪線社등산대에 참가.

— 다나카 교코田中京子; 네기시 토모根岸知가 가이드해서 등정한 데날리
원정대에 참가.

— 쓰루마기 카즈에鶴巻和惠, 에토 미에코江藤美惠子, 사토 미오佐藤弥生;
알래스카 포레이커Foraker, 5,303m에 도전하여 3명이 조난한 에조ぇぞ산악회
원정대에 참가.

— 다나카 하나코田中花子; 알래스카 헤이즈Hayes, 4,175m 하지오지八王子악우회
원정대에 참가.

— 노무라 세쓰코野村節子; 알래스카 블랙번Blackburn, 5,036m을 등정한
홋카이도학원대학 홋카이악우회 원정대에 참가.

— 오모리 카즈코大森和子; 샌퍼드Sanford에 전원 등정한 북봉악명회北峰岳明會
원정대에 참가.

— 하시모토 유리코橋本由利子; 오카야마岡山 클라이머스 그룹 원정대 페루
차크라라후 동봉Chacraraju Este, 6,001m 남벽 원정대에 참가하여 등정.

— 노다 타에코野田多惠子 일행 5명으로 구성된 모지門司산악회 여성원정대가
페루 블랑카 산군 트레킹 등, 볼리비아에서 5,800m 무명봉 등정.
그 외 대원은 나가하타 미에長畑三枝, 아라키 미쓰코荒木みつ子,
마쓰다 에리코松田えり子, 야마가타 료코山縣良子.

— 다카시마 키요코高島希代子 일행 9명으로 구성된 나가노현 산악협회
여자등산대가 이란 데마벤드Demavend 등정.
등정자는 아사카와 토미코浅川とみ子, 카라사와 세쓰코唐沢節子,
카와테 카오루河手かをる, 이마이 미유今井美雪, 쿠와나 히로코桑名ひろ子,
코니시 교코小西敬子, 다나카 히사에田中久江, 나카사와 케이코中沢経子.

1977년

— 네팔 마칼루 2봉7,678m 치바千葉대학 원정대에 아오타 레이코青田玲以子와 사토미 나오코里見直子 참가.

— 네팔 눕체 북서봉7,745m 등보계류회 원정대에 코다마 야이코小玉やい子 참가.

— 네팔 추렌 히말7,371m 가와자키河崎산악회 원정대에 사토 메이코佐藤明子 참가.

— 네팔 캉충네6,443m 오사카산악회 원정대에 니시가키 카즈코西垣和子 참가.

— 다베이 준코田部井淳子, 네팔 랑탕 계곡 얄라피크5,500m 등정.

— 인도 난다데비7,817m 일본근로자산악연맹 원정대에 사카니시 미와코坂西美和子 참가.

— 인도 타르코트Tharkot, 6,099m 일본산악회 전국회원 원정대에 참가한 타카모토 노부코高本信子, 이케다 유미池田裕美가 바노티Bhanoti, 5,645m 등정. 그 외 카와이 히로코川井煕子, 히가노 에미코日向野恵美子가 참가.

— 인도 두나기리7,066m 동릉에 도전한 도쿄도 근로자산악연맹대에 타노 치즈코田野ちず子가 참가.

— 인도 카슈미르 강가발 피크Gangabal Peak, 4,520m[200]에 오른 산창회대山窓会隊에 모치즈키 아야코望月恵子가 참가.

— 아프가니스탄 5,578m봉에 오른 스비다니에동인 원정대에 오노우에 타에코尾上妙子, 다나카 카즈요田中万代가 참가.

— 데날리 남벽 신루트로 전원 등정한 토우베기 알파인클럽대에 와다나베 타마에渡辺玉枝가 참가. 같은 벽 전체 여성 제2등.

— 알래스카 헌팅턴Huntington, 3,732m에 도전한 코쿠라小倉산악회 원정대에 이마즈 스미코今津須美子, 기타무라 마사코北村雅子 참가.

— 알래스카 보나Bona, 5,029m에 전원 등정한 카와자키타치바나河崎橘 산상회 원정대山想会隊에 이테 카즈코井手和子 참가.

---

200   콘사이스 외국산명사전삼성당. 1984년에는 약 5,000m로 나와 있다.

- 보나에 등정한 타키카와滝川산악회 원정대에 우치노 레이코內野麗子 참가.
- 샌퍼드Sanford 아키타秋田현산악연맹 원정대에서 이시이 미요코石井美代子 등정.

1978년

- 이케다 치즈코池田智津子가 뉴질랜드 및 일본 남성과 함께 쿡Cook, 3,764m 등정.
- 시기 아키코鴫秋子가 남편 시기 미쓰노리鴫満則와 함께 마터호른 북벽 동계 등반에 성공. 여성 동계 초등.
- 네팔 파빌가네시히말4봉, 7,102m 일본근로자산악연맹 네팔합동대에 참가한 오쿠다니 에미코奥谷恵美子가 등정자 16명 중 1인으로서 초등정.
- 피크 29 남서벽에 도전하여, 3명이 조난한 시라기シラギ대에 엔도 케이코遠藤けい子, 쿠리키 토미코栗木富子 참가.
- 다울라기리1봉8,167m 남릉 도쿄히말라야등산대에 가토 키미코加藤淑子 참가.
- 추렌히말 나가노長野현 산악협회 원정대에 모리와키 히로코森脇弘子, 세키야 토모코関谷知子 참가.
- 난다데비 동봉7,434m 모지門司산악회 원정대에 노다 타에코野田多恵子, 아라키 미쓰코荒木みつ子 참가.
- 인도 트리술7,120m 일본히말라야협회 전국원정대 안나카 히데코安中秀子, 쓰리베 케이코釣部恵子가 트리술2봉6,690m 등정.
- 인도 화이트 세일White Sail, 6,446m 하코다테函館등산대에 이요다 야스코伊予田康子 참가.
- 인도 시티다르Shitidhar, 5,294m 오사카근로자산악연맹 원정대 전원 등정 시 다나카 세쓰코田中節子, 쵸다 하루미町田明美 참가.
- 카라코람 가셔브룸5봉 동봉7,100m을 초등정한 헤키료산악회 원정대에 신무라 미네코新村峰子 참가.

- 힌두쿠시 사라그라 남동봉Saraghrar S.E, 7,208m을 시등한 도쿄학예대학
  원정대에 사가라 치에코相楽千恵子 참가.

- 데날리를 웨스트 립으로 전원 등정한 도쿄도보산계회 원정대에
  후쿠시마 에쓰코福島悦子 참가.

- 알래스카 드럼Drum, 3,662m을 전원 등정한 이와테岩手대학산악회 원정대에
  가시와자키 모도코柏崎元子 참가.

―――――
1979년

- 시기 아키코鴫秋子가 남편満則과 함께 몽블랑, 브렌바벽 그랑 쿨르와르 동계
  초등반.

- 데날리를 전원 등정한 오사카동릉凍稜회 원정대에 코다키 하쓰요小滝初代,
  타카다 히로코高田廣子 참가.
  코다키는 이후 일행 2명과 키차트나 산군 등반.

- 알래스카 리갈4,221m을 오른 이치가와市川산악회 원정대에
  스즈키 사치코鈴木佐千子 참가.

- 알래스카 랭겔Wrangell 산군에 들어가, 두 개의 3,000m봉에 오른
  알파인클럽 케른원정대에 이와쓰루 후사코岩鶴フサ子, 신야 레이코新矢玲子
  참가.

- 와스카랑 고산高山연구소 모집 원정대에 고모토 신코高本新子,
  사카모토 유코坂本裕子, 이시다 키요코石田喜代子가 참가하여,
  전원 피스코Pisco, 5,760m 등정.

- 페루 푸마시요Pumasillo, 6,070m 카지카河鹿악우회 원정대의 전원 등정 시
  카와카미 노부에川上信恵 참가.

- 네팔 아일랜드피크를 등정한 치바산악회 원정대에 오오쓰치
  유우코大土郁子가 참가.

- 다카하시 미치코高橋通子; 네팔 다울라기리2봉7,751m과 5봉7,585m의
  교차 종주 카모시카カモシカ동인 원정대 대장으로서 성공.

- 네팔 히운출리 6,441m를 목표로 한 아사노 히로코浅野博子의 샤쿠나게しゃくなげ 동인원정대(여성대)가 눈사태로 인한 야마자키 노리코山崎のり子, 후지이 히로코藤井博子의 실종으로 단념. 그 외 대원은 쓰지이 마리코辻井真利子, 카와하라 마치코川原真知子, 가토 교코加藤京子, 이케다 아키生田あき.

- 네팔 닐기리 중앙봉 6,940m 히메지姫路악우회 원정대에 오오이시 야치요大石八千代 참가.

- 인도 카시드랄 6,400m 일본 히말라야협회 공모 원정대에 사이토 노리코斎藤則子, 토베 요코戸部洋子, 기타하타 스마코北畠須磨子, 시다 세쓰코志田セツ子 참가.

- 카라코람 초골리사 북동봉 7,654m에 도전한 아키타秋田현 산악연맹원정대에 사사키 이호코佐々木いほ子 참가.

- 카라코람 스캄리Skamri, 6,736m를 초등정한 요코하마横浜산악회대에 아오야기 토모코青柳知子, 시바타 아츠코柴田敦子, 가네나리 야쿠코吉沢宣子 참가.

- 힌두 라지 고카르 사르Ghokar Sar, 6,249m 시라카와白河산악회대에 사가와 사치코佐川幸子가 참가. 이때 6명 조난사.

- 힌두 라지 감바르 좀 6,518m 아이치愛知현 등산대에 요코다 히로코横田博子가 참가.

- 힌두 쿠시 사라리치Sara Rich, 6,225m 무쓰むつ산악회 원정대에 오치아이 요코落合養子, 다나카 후사코田中房子 참가.

1980년

- 네팔 푸모리 7,161m G등반클럽 원정대에 오히라오치 미치코大平落美智子 참가.

- 네팔 캉구르 6,981m 히로사키弘前 해외등산연구회 원정대에 미카미 토시코三上敏子 참가.

- 인도 판왈리 드와르Panwali Dwar, 6,663m 동계 초등정을 목표로 한 구산九山 동인 원정대에 이케다 아키生田あき 참가.

- 인도 바기라티1봉6,856m을 초등정전원한 카가와香川현 근로자산악연맹
  원정대에 호소카와 아케미細川あけみ 참가.

- 타카모토 노부코高本信子가 이끄는 일본산악회여성대; 인도 히말라야
  케다르나트를 목표로 하였으나 바로 앞 케다르나트 돔Kedarnath Dome, 6,831m을
  시미즈 하루미清水春美, 토미타 유키코富田由起子, 네모토 토모코根本知子,
  코쿠라 유미코小倉由実子, 사토 치에코佐藤知恵子 등정.

- 일본히말라야협회 공모 원정대 역시 인도 히말라야 케다르나트를 목표로
  하였으나 바로 앞 케다르나트 돔Kedarnath Dome. 6,831m을 기무라 요코木村陽子,
  무라카미 토요코村上豊子, 기쿠치 하루에菊地春江 등정.

- 인도 시블링6,543m을 등정한 효고兵庫현 근로자산악연맹 원정대의
  이노하라 키누코猪原絹子, 아다치 히사코足立寿子, 미네사키 카즈코峰崎和子
  등정.

- 인도 히말라야 바기라티2봉6,512m을 군마群馬현 여자 등산대의
  안나카 히데코安中秀子 대장과 아사노 사쓰키浅野さつき가 등정.

- 인도 하누만 티바5,928m201 베루쿠란토べるくらんと 원정대에
  하라 키요코原清子, 혼이에 미치코本家みち子 참가.

- 인도 CB136,264m에 초등정전원한 오사카 가타노交野고교 OB&OG
  원정대에 와다나베 후미코渡辺文子, 한나가 히로미阪長弘美 참가.

- 인도 파르차캉리Parchakangri, 6,065m 및 구랍캉리Gulap Kangri, 5,900m를 등정한
  서유여행모집 원정대에 여성 5명이 참가.

- 인도 비엔 구아파Bien Guapa, 5,972m 카나가와神奈川대학 2부 반더포겔부
  원정대에 와다나베 코코渡辺康子가 참가.

- 카라코람 마셔브룸7,821m 간사이関西등고회 원정대에
  야마모토 마치코山本真知子 참가.

---

201 '구자르트 등산학교' 강사 돌리 사헤르가 이끄는 의대 여학생 4명이 포터 1명을 데리고 하누
  만 티바봉을 정복했다. 동아일보 1969.6.24.

- 카라코람 가셔브룸2봉8,035m을 등정한 베르니나산악회 원정대에
  토리하라 이쓰코鳥山逸子 참가.

- 카라코람 초골리사7,665m 오사카외국어대학 원정대에
  아사다 미하루麻田美晴 참가.

- 알래스카 베어4,520m를 등정한 센다이산상회仙台山想會 원정대에서
  우치우미 유미코内海由実子 등정, 핫토리 료코服部良子 참가.

- 알래스카 드럼Drum, 3,662m을 등정한 야도메矢留산악회 원정대에
  미우라 루미코三浦るみ子 참가.

- 미국 요세미티 엘 캐피탄 노즈를 스즈키 미치코鈴木美智子가 남편
  스즈키 히데다카鈴木英貴와 함께 완등.

- 뉴질랜드 쿡을 등정한 마쓰모토松本 근로자산악연맹 원정대에서
  호리우치 요키코堀内よき子, 타카노 토요코高野豊子, 마루야마 미쓰요丸山みつよ,
  요시카와 노부코吉川信子 등정.

1981년

- 아르헨티나 아콩카과6,959m를 등정한 고산연구소 모집 원정대에서
  타카모토 노부코高本信子, 이케다 치즈코池田智津子, 고야마 무츠코小山睦子가
  등정.
  그 외 쿠리다 레이코栗田れい子, 카나우치 케이코金内恵子,
  마쓰오 타에코松尾妙子 참가.

- 시기 아키코鴫秋子가 남편 시기 미쓰노리鴫満則와 함께 알프스 몽블랑 그랑
  필리에 당글 북벽 보나티 자페리 루트Bonatti-Zappelli Route 동계 제3등.

- 중국령 히말라야 시샤팡마8,027m를 여자등반클럽 원정대의 다베이
  준코田部井淳子 대장이 중국 대원과 함께 무산소 등정.
  그 외 대원은 기타무라 세쓰코北村節子, 미하라 요코三原洋子,
  쓰리베 케이코釣部恵子, 쿠로자와 유미코黒沢由実子, 오오쓰키 에쓰코大槻悦子,
  와다나베 기코渡辺紀子, 쿠라마쓰 유우코倉松由子, 가토 키미코加藤淑子.

— 중국 아니마칭^{6,282m}을 초등정한 조에쓰^{上越}산악협회 원정대에
나에기 카즈코^{苗木かづ子}, 세키네 히사코^{関根久子} 참가.

— 중국 미냐콩가^{Miniya Konga, 7,556m}에 도전해 8명이 대량 조난한
홋카이도산악연맹 원정대에 모리 미에코^{森美枝子} 참가.

— 중국 보거다^{Bogda, 5,445m}를 초등정한 교토산악회 원정대에
엔도 교코^{遠藤京子}가 등반대장으로 참가하여 나카지마 무츠미^{中島陸美},
미시마 하루미^{三島明美}와 함께 등정. 그러나 시라미즈 미쓰코^{白水ミツ子}가
크레바스로 추락 사망.

— 보거다 조치^{上智}대학 원정대에 오카시마 노부코^{岡島信子},
미쓰하시 이쿠요^{三橋いく代} 참가.

— 보거다를 등정한 일본산악회 학생부대에 오다사와 미치코^{織田沢美智子},
아키모토 타카코^{秋元孝子} 참가.

— 보거다 서봉^{5,213m} 국철산악연맹 원정대에 키요미즈 요코^{清水洋子} 참가.

— 보거다 산군^{4,203m}을 등정한 몬타니유회 원정대에 요시노 야에코^{吉野八重子},
오오키 에쓰코^{大木悦子} 참가.

— 네팔 로부체 동봉^{6,119m} 나가사키현 원정대에 야마구치 노부코^{山口宣子}
참가.

— 네팔 쿠숨 캉구르^{6,369m}를 등정한 봉우지산악회^{峰友志岳會} 원정대에
쓰노다 카즈코^{角田和子} 참가.

— 네팔 초오유^{8,201m} 일본근로자산악연맹 네팔 합동원정대에
오쿠타니 에미코^{奥谷恵美子} 참가.

— 인도 브리그판스^{Bhrigupanth, 6,772m} 아사히카와^{旭川}지악우회 원정대에
나카니시 레이코^{中西律恵子}, 무라카미 토요코^{村上豊子}, 모노이 요코^{物井洋子}
참가.

— 홋카이도^{北海道} 산악동인탄네 원정대가 인도 히말라야 자온리1봉^{Jaonli I, 6,632m} 등반 중 눈사태로 고미나미 요코^{小美浪洋子} 대장 이하
타시마 요코^{田島よう子}, 가토 레이코^{加藤れい子} 3명과 포터 1명이 조난사.

— 유라이 마사코平川宏子 일행의 알파인클럽 탄포포たんぽぽ; 민들레 원정대
(여성대)에서 대장 외 히가시 사치코東幸子, 이즈미타 미치코泉田実智子가
인도 히말라야 CB13^6,264m 등정. 그 외 오카자키 히로코岡崎ヒロ子 참가.

— 인도 KR1봉^6,157m에 등정한 나카쓰가와中津川 근로자산악연맹 원정대에
마쓰이 코코松井好子, 하야시 기미코林公子 참가.

— 인도 캉이세이^6,401m에 등정한 미나미야마南山대학 원정대에
나카세코 나오코中世古直子 참가.

— 인도 쿤Kun, 7,077m 스기나미야마杉並山 원정대에 참가한 카나자와
나오코金沢直子가 고산병으로 사망. 그 외 야시마 미요코矢島みよ子 참가.

— 카라코람 디란Diran, 7,257m 아르크토스 스기나미야마杉並山모임 합동대에
오노 가즈코大埜和子가 참가.

— 소련 카프카스코카서스의 엘브루스^5,642m에 등정한 공모대에
쓰다 미사키津田美幸 일행 5명이 참가.

— 나가오 다에코長尾妙子와 카사마쓰 미와코笠松美和子가 같은 루트 최초 여성
파트너로서 알프스 그랑드조라스 북벽 워커릉을 17시간 만에 등반.

— 나가오와 카사마쓰가 쁘띠조라스 서벽, 느와르 침봉 남릉 등을 등반.

— 카사마쓰 미와코는 야마자키 스케카즈山崎祐和와 알프스 그랑샤르모
서벽으로 신루트 등반.

— 데날리를 전원 등정한 게이오慶応대학 악붕회 원정대에
나가오 다에코長尾妙子 참가.

— 데날리를 전원 등정한 오사카 중앙YMCA산악회 원정대에
나카모토 케이코中本恵子, 야마모토 쿠미코山本久美子 참가.

— 데날리를 웨스트립으로 등정한 후쿠오카현 원정대에
코바야시 마키코小林真希子, 에사키 코메江崎幸恵 참가.

— 캐나다 로건Logan, 5,959m 이바라키현 원정대에 토요타 마사코豊田正子,
나카시마 히데코中島英子, 야타베 료코谷田部良子 참가.

1982년

— 나가오 다에코長尾妙子와 스즈키 에시게鈴木恵滋가 그랑드조라스 북벽 워커릉을 동계 등반동계 여성 최초.

— 알프스 그랑 필리에 당글, 보나티 고비 루트를 나가오 다에코長尾妙子가 남성 2명과 함께 동계 초등반여성 초등반.

— 중국 포롱리Porong Ri, 7,292m를 초등정한 오이타현大分県 산악연맹대에 이노우에 교코井上京子 참가.

— 미냐콩가Miniya Konga 이치가와市川산악회 원정대에서 마쓰다 코우야松田宏也가 조난 20일 후 기적적으로 생환 구조됨. 그 외 히로이 준코広井順子, 쿠리하라 카즈에栗原和恵 참가.

— 보거다2봉5,362m을 전원 등정한 일본산악회 학생부 원정대에 아사카와 토미코浅川とみ子, 세키야마 아쓰코関山温子 참가.

— 네팔 온미캉리Ohnmi Kangri, 6,829m를 초등정한 도청산악부 네팔 합동대에 스즈키 미치코鈴木道子 참가.

— 네팔 카료룽Karyolung, 6,511m을 초등정전원한 효고현 근로자산악연맹 네팔 합동대에 야다 쿠미矢田久美, 니시무라 마키요西村牧代가 참가.

— 네팔 카탕Khatang, 6,782m을 초등정한 도오道央 근로자산악연맹대에 키시타 사카코木下祥子, 야스다 사치코安田幸子 참가.

— 네팔 푸르비차추Phurbi Chyachu, 6,658m를 초등정한 오사카부 근로자산악연맹 네팔 합동대에 가와노 준코河野純子, 오오이 치즈코大井チズ子가 등정하고, 아라키 카오리荒木香 참가.

— 네팔 랑시사리Rangshisa Ri, 6,427m를 전원 등정한 시가현 근로자산악연맹 원정대에 사카모토 아키코坂本章子, 이마무라 쿠미코今村久美子 참가.

— 네팔 캉구루Kang Guru를 등정한 토미오카富岡 근로자산악연맹 원정대에 아라이 에이코新井栄子 참가.

- 오오카 히사코大岡ひさ子 일행의 토미오카富岡 근로자산악연맹
  여성원정대에서 네팔 피상피크Pisang Peak, 6,091m를 타카다 세쓰코竹田節子,
  야나기자와 노부코柳沢伸子가 등정. 그 외 가토 요코加藤陽子, 이와세
  코코岩瀬康子 참가.

- 피상피크를 등정한 우에스와上諏訪산악회 원정대에 고이케 시부키小池千吹,
  우치가와 노리코内川典子가 참가.

- 네팔 람중히말6,983m을 전원 등정한 후쿠오카현 근로자산악연맹 원정대에
  타카스 사토코高巣智子, 키도 게이코木道景子 참가. 이 팀은 정상에서
  갈라지는 루트에서 한국 여성대와 만났다.

- 네팔 닐기리 북봉7,061m을 등정한 이시카와현 근로자산악연맹 원정대에서
  이케우치 가요池内賀代 등정.

- 네팔 출루 서봉6,419m을 전원 등정한 스마須磨노산·고베神戸중앙근로자산악
  연맹 네팔 합동대에 나가미네 미나코永峰美奈子, 니시카와 노리코西川則子,
  하타 에미코畑恵美子 참가.

- 인도 화이트 세일White Sail, 6,446m 나가노현 근로자산악연맹 원정대에
  모치즈키 마유미望月まゆみ, 사키타 노리코崎田律子 참가.

- 인도 파프스라6,451m 아이즈会津산악회 원정대에 사토 교코佐藤教子 참가.

- 인도 CB96,108m 다카쓰키高槻 노산대에 카가와 마리香川真理가 참가.

- 인도 타라파하르6,227m를 등정한 이다飯田산악회대에 타나다 교코棚田京子
  참가.

- 인도 CB13을 등정한 사이타마埼玉현 근로자산악연맹 원정대에서
  미요시 미쓰코三吉美津子가 등정, 타나카 마에미田中万恵美 참가.

- 인도 CB146,079m를 초등정한 랏쓰 원정대에 에다 하루에榎田晴美 참가.

- 인도 미나르Minar, CB33, 6,172m 카와자키타치바나川崎橘산상회 원정대에
  미노타 료코蓑田涼子, 타케이 스미美武井須美 참가.

- 다베이 준코田部井淳子, 기타무라 세쓰코北村節子 인도 하누만 티바5,928m 등반.

— 인도 쿤Kun, 7,077m 일본히말라야협회 모집 원정대에 미요시 키요미三好喜代美
참가.

— 카라코람 쿠냥츠히시Khunyang Chhish, 7,852m 카나바바동중華那婆同衆 원정대에
하나타 유우코花田優子 참가.

— 데날리를 등정한 맵산악회 원정대에 야마시타 마리코山下万里子,
오오니와 교코大庭恭子 참가.

— 데날리를 등정한 미에현 산악연맹 원정대에서 코가와 미하루小川みはる
등정.

— 데날리를 등정한 기류산악회 원정대에 키무라 후미에木村文江 참가.

— 데날리를 전원 등정한 요코하마橫浜 달팽이산악회 원정대에
사토 하루코佐藤治子 참가.

— 타치가와立川여고 원정대, 캐나디안 로키 트윈즈 북봉3,683m 15명 등정.

— 인도네시아 령 뉴기니아 트리코라Trikora, 4,750m를 등정한
조에쓰上越산악협회 원정대에 요시다 레이코吉田玲子 참가.

1983년

— 아콩카과를 등정한 와탕클럽 원정대에서 다나카 코우코田中康子 등정.

— 다베이 준코田部井淳子가 이끄는 일본 여자등반클럽 원정대가 부탄
지츄드라케Jichudrake, 7,003m[202]를 목표로 했으나 가까운 셉츄캉Sepchukang,
5,200m을 9명이 등정. 대원은 쿠라마쓰 유우코倉松由子,
다나카 아키코田中晶子, 후지하라 스미코藤原すみ子, 히라이 유코平井祐子,
쿠로이시카와 유미黒石川由美, 오카 미키岡美樹.

— 네팔 파르차모Parchamo, 6,187m[203]를 등정한 이와테岩手현 산악협회 원정대에
엔도 마사코遠藤正子 참가.

---

202 부탄 북부지역에 있으며 Tserim Kang이라고도 한다. 콘사이스 외국산명사전삼성당, 1984년에
는 해발 약 7,000m로 나와 있다.

203 6,273m로 알려져 왔으나 1983년 네팔에서 6,187m로 공식 수정 발표하였다.

— 야마모토 히사코山本久子가 이끄는 Bush산악회 원정대에서
시마무라(코쿠라小倉) 후미에嶋村芙美江, 후지쿠라 카즈요藤倉歌都代,
쿠리타 키요미栗田喜代美, 마키 에미코牧惠美子가 네팔 투쿠체피크[6,920m]를
등정. 그 외 키무라 나오코木村尚子 참가.

— 엔도(사토佐藤) 쿄코遠藤京子가 이끄는 서북네팔 여자학술 등산대가
창라[Changla, 6,721m][204] 초등정을 노렸으나 6,300m에서 포기.

— 바사라중婆娑羅衆 원정대에 참가한 미하라 요코三原洋子,
토이타 에미코戸井田恵美子, 미야케 키요코三宅清子, 세키 코코関康子,
인도 사토판트[Satopanth, 7,075m] 등정.
이 팀은 이후 시블링[Shivling, 6,543m]을 시도하였으나 여성 대원은 실패.

— 인도 히말라야 케다르나트[Kedarnath] 남벽에 도전한 도쿄 아르코우회
원정대에 가토 료코加藤良子 참가.

— 후지미야富士宮산악회 여성대, 인도 CB13a[6,264m]를 에도 키요江藤紀代 대장,
이이타카 료코飯高良子와 여성 연락관 등이 등정.

— 인도 CB산군 5,810m봉을 초등정한 시즈오카시 산악연맹 원정대에서
코가와 노부코小川信子 등정.

— 인도 Z1[6,181m]을 목표로 한 일본 산악회대에 이치무라 요코市村洋子, 사토
치에코佐藤知恵子, 와카바야시 사치코若林幸子, 오오쓰키 히사에大槻久江 참가.

— 인도 눈[7,135m]을 등정한 코마쿠사こまくさ산악회 원정대에
센자키 쿄코千崎京子 참가.

— 파키스탄 낭가파르바트[8,125m] 카와사키시 교직원 원정대에
쓰리베 아야코釣部恵子가 참가하여 총라피크[Chongra Peak, 6,824m] 남봉[6,448m] 등정.

— 간사이関西 파미르 원정대에서 이나미 미호井波美保가 레닌봉[7,134m] 등정.
데날리 그레이샤동인 원정대에 키요미즈 요코清水洋子 참가.

— 다카하시 미치코高橋通子가 카모시카동인 동계 초모랑마에베레스트 북벽대를
지휘.

---

[204] 중국에서 발행된 최신 지도에는 7,029m로 표기되어 있다.

— 카사마쓰 미와코笠松美和子와 코바야시 카나메小林要가 몽블랑 타퀼Tacul, 4,248m
젤바즈티 암릉 등반.

1984년

— 중국 카이라스 일주 및 나무나니펜Namunanifen, 納木邦尼峰[205] 일본 히말라야협회
원정대에 이오사와 스기코五百沢杉子 참가.

— 중국 옥룡설산玉龍雪山, 5,596m 일본 히말라야협회 원정대에 엔도 교코遠藤京子
참가.

— 보거다 산군 5,180m봉을 초등정한 센다이仙台 이치타카一高산악회
원정대에 호소타니 나오코細谷直子가 참가.

— 보거다 서봉5,213m ~ 중앙봉5,287m ~ 5,180m봉을 종주한 일본산악회
학생부 원정대에 기타카와 미하루北川みはる, '구'코가와 미하루,
무라마쓰 세이코村松聖子가 참가하여 종주.

— 부탄 초림캉5,700m을 초등정한 도쿄북부 근로자산악연맹 원정대에서
스즈키 요시에鈴木よしえ, 우치타 나쓰코内田夏子,
오노가야 토시코小野谷とし子도 등정.
또한 이 등반 정찰대에 오오카 히사코大岡ひさ子 참가.

— 무라오카 요코村岡陽子가 히라이 켄지平井謙二와 함께 네팔
아일랜드피크6,160m 등정.

— 차무랑산악회 원정대의 후쿠타 레이코福田禮子, 코메타 스미코米田スミ子가
아일랜드피크를 등정.
그 외 오노 타미코小野多みこ, 나카마루 쿠미코中丸久美子 참가.

— 네팔 로부체Lobuche, 6,225m 서봉6,145m을 초등정한 오사카 산악회대에
니시히라 케이코西平恵子, 카나자와 아키코金沢明子가 참가.

— 네팔 파르차모Parchamo, 6,187m KECC동인 원정대의 사카모토 케이코坂本恵子
대장 등반 포기.

---

205 7,766m, 굴라만다타Gurla Mandhata로 불린다.

- 네팔 텐트피크[5,663m]를 등정한 치노[芽野]산악회 원정대에
  노자와 세쓰코[野沢節子]가 참가.

- 인도 바기라티[Bhagirath] 산군 6,702m봉을 초등정한 가스가이[春日井]산악회
  원정대에 카와구치 루이[河口るい] 참가.

- 시블링 북릉을 등정한 무로란[室蘭]산악연맹 원정대에서
  카타야마 미키코[片山美紀子]도 등정[여성 초등정].

- 인도 물키라[Mulkila, 6,517m]를 목표로 한 일본복지대학 원정대에
  아오타 히사루[青田ひさる]가 참가.

- 인도 게팡고[6,053m] 오사카[大阪府] 근로자산악연맹 여성원정대에
  카와노 아키코[河野純子] 대장, 마쓰다 토모코[松田トモ子],
  모리모토 에미코[森本惠美子]와 여성 연락관이 등정.

- 히로사키[弘前]대학 카라코람 유크신 가르단 사르[Yukshin Gardan Sar, 7,530m]
  원정대에 호소카와 사토코[細川智子]가 참가.

- 일본산악회의 코쿠라 유미코[小倉由美子]와 사토 치에코[佐藤知恵子]가 현지에서
  구산동인대[九山同人隊]와 합류하여 파미르 코르제네프스카야[7,105m] 등정.
  그 외 타카모토 노부코[高本信子]가 참가.

- 군마현[群馬県] 산악연맹 동계 네팔 안나푸르나1봉[8,091m] 남벽 원정대에
  키무라 후미에[木村文江]가 참가.

- 카사마쓰 미와코[笠松美和子]와 세키네 코우지[関根孝二]가 알프스 에귀 디 미디
  토우르니에[Tournier] 루트, 드루와트 오브리크 쿨르와르, 몽블랑 브렌바벽
  마죠르 루트 등을 등반.

1985년

- 중국 게라인동 설산[各拉丹冬雪山, Geladaindongxueshan, 6,621m] 외에 초등정한
  탕그라산맥 학술등산대에 스야마 아키코[陶山昭子] 참가.

- 중국 카카사이지몽카[6,138m]를 등정한 일본산악회대에
  아사카와 토미코[浅川とみ子] 등정.

— 중국 야르창포 하대굴곡부 답사를 진행한 오이타大分현 산악연맹대에
이시다 마리코石田真理子가 참가.

— 중국 노이진 캉샹봉宁金抗沙峰, Noijin Kangsang, 7,191m을 목표로 한 오이타현
산악연맹대에 이하라 마미井原真美가 참가.

— 중국 무즈타그6,638m를 목표로 한 중일부인우호등산대는 부근의
5,850m봉등정 후 팔화빙산八花氷山이라는 산 이름을 신청으로 목표를 바꿔
모리 미에코森美枝子 대장 이하 쓰리베 케이코釣部恵子,
이치카와 하루요市川春代, 키시타 사카코木下祥子, 하야카와 쇼코早川昭子,
코바야시 케이코小林桂子와 중국 여성 2명이 초등정.

— 중국 보거다봉을 목표로 한 후쿠시마福島현 등산대에
산베이 쿠니코三瓶国子, 오오시로 카즈코大代邦子가 참가.

— 중국 크라운7,295m에 도전한 일본 히말라야협회대에 엔도 교코遠藤京子가
참가. 목표는 포기했으나 6,117m봉을 등정.

— 중국령 파미르의 로니온피크약 6,000m를 목표로 한 몬타니유 모임대에
사이토 카쓰라斎藤かつら, 아키야마 후미코秋山文子, 이시자키 사다코石崎貞子,
오오키 에쓰코大木悦子, 오카베 치에코岡部知恵子, 마쓰이 후미코松井文子,
무사토 시즈코向里静子, 모리야마 사토코森山智子, 요코야마 시나코横山倫子,
코메야마 노리코米山方子, 와시마 쿄코和島京子가 참가.

— 동계 초모랑마 북벽을 재도전한 카모시카 동인대를
다카하시 미치코高橋通子가 지휘.

— 네팔 마칼루8,463m를 동계에 도전한 일본대에 엔타 미치코遠田道子가 참가.

— 아일랜드피크를 등정한 야마구치山口현 산악연맹대에
미조구치 히사코溝口寿子가 참가.

— 네팔 메라피크 서봉약 6,100m 서벽을 키요타 미와코清田美和子가
콘도 쿠니히코近藤国彦의 리드로 등반.

— 메라피크6,473m 공모대에서 아키야마 마사코秋山正子가 등정.
그 외 스키자키 케이코杉崎桂子, 하야시 히로미林ひろみ가 참가.

- 랑시사리를 목표로 한 나가사키長崎 근로자산악연맹대에
  오오쿠보 히로코大久保裕子, 미노타 유미코蓑田由実子가 참가.

- 네팔 팔도르피크5,896m를 등정한 기타미北見 산악연회대에서
  스즈키 히로코鈴木裕子가 등정.

- 네팔 히말추리7,893m를 등정한 야마가타山形 클라이밍크래프트대에
  요시다 요우코吉田陽子가 참가.

- 히운출리를 가와나베 하지메川那部一, 마사코政子 부부가 도전했으나 단념.

- 아오이 케시青いケシ; 푸른 양귀비대의 가소 요시코加生好子가
  네팔 구루자히말7,193m 등정. 그 외 요시카와 노부코吉川信子가 참가.

- 인도 스다르샨파르벳6,507m을 등정한 오비히로 와라지帯広わらじ 모임대에서
  마시마 하나코真嶋花子가 등정. 그 외 카네 아야코金綾子 참가.

- 데오티바를 목표로 한 마쓰에松江 알펜클럽대에 시라이시 키미코白石淑子,
  호소타 히로코細田裕子가 참가.

- 쿠라마쓰 유우코倉松由子, 야스하라 마유리安原真百合, 야나키자와
  노부코柳沢伸子 3명으로 구성된 여성대가 하누만 티바5,928m를 전원 등정.

- 인도 멘토사6,443m를 목표로 한 기류桐生산악회 여성대의
  모리시타 미도리森下緑, 키무라 후미에木村文江, 코모리 키미에小森君江,
  시모타 미와코下田美和子가 전원 등정.

- 카라코람 마랑그티사르7,200m를 초등정한 도쿄지악회대에
  이시키리 히사코石切寿子가 참가.

- 낭가파르바트를 목표로 한 삿포로札幌산악회대에
  카이즈카 타마키貝塚珠樹가 참가.

- 엔도 하루유키遠藤晴行·나가오 다에코長尾妙子가 낭가파르바트를 도전했으나
  포기.

- 고산연구소 파미르대에 참가한 나가오 다에코長尾妙子가
  코뮤니즘봉7,495m과 레닌봉7,134m을 등정.

— 간사이関西 파미르대의 이나미 미호井波美保가 코르제네프스카야와
코뮤니즘봉을 등정.

— 여자등반클럽대의 다베이 준코田部井淳子 대장, 야나기자와 노부코柳沢伸子,
야스하라 마유리安原真百合가 코르제네프스카야, 코뮤니즘, 레닌 등 3개
산을 등정.

— 마쓰오코 요우코松岡陽子가 히라이 켄지平井謙二와 페어로
코르제네프스카야와 레닌 등정.

— 돔 가이드 그룹 공모대 데날리 등산에서 다나카 코우코田中康子,
스즈키 요시코鈴木好子가 등정.

— JMCC 로건산군등산대에 참가한 하기하라 키누요萩原絹代가
에크론스파이야를 초등정하고, 로타스플라워타워Lotus Flower Tower, 2,570m도
등정.

— 뉴질랜드 쿡3,764m 동계 등산을 진행한 아카쓰키暁; 새벽산악회대에
미즈모토 리쓰코水元律子가 참가.

1986년

— 중국 설옥정雪玉頂, 5,588m을 초등정한 일본히말라야협회·중국 합동대에서
미요시 키미요三好喜美代가 등정.

— 중국 타쿠냥5,025m산을 전원 등정한 공모대에서 이누이 아코乾敦子,
츠카모토 사치코塚本幸子, 이카카와 시즈에五十川静江, 시카 카즈에志賀嘉寿恵,
다카하시 후키코高橋富喜子, 마에사와 소노코前澤園子, 야스타 시즈코安田清子,
시바타 키코柴田紀子, 니시무라 스에코西村寿栄子, 마치이 히로코町井廣子,
야스카와 에미코安川恵美子, 이소베 토미코磯部登美子, 토미사와
후키코富沢ふき子, 타나카 하쓰에田中初枝, 야스카와 마사코安川元子,
나카무라 카즈코中村和子, 마스모토 사쓰키松本さつき,
세키타니 에미코関谷咲子, 카지 케이코梶桂子, 나가이 미키長井美紀,
스기타 하루미杉田明美, 우치야마 사치코内山幸子, 아라카와 미요荒川百合子,
키노시타 레이코城下玲子가 등정.

- 사이죠西城 등산연구회대의 스가누마 코우코菅沼弘子,
  니시무라 노부코西村伸子, 미하라 요코三原洋子, 코바야시 치에미小林チエミ,
  오타카 아메미大高珠美가 중국령 파미르 무즈타그아타7,546m를 등정.

- 중국 곤륜崑崙산맥 7,167m봉을 전원 초등정한 도쿄농대 등산대에
  후쿠사와 사치코福沢幸子가 참가.

- 다베이 준코田部井淳子 일행 여자등반클럽대는 천산天山산맥 토무르7,435m를
  중국 쪽으로부터 도전했으나 6,240m 지점에서 눈사태를 만나 대장이
  부상하는 등의 이유로 포기.
  그 외 대원은 하시모토 시오리橋本しをり, 쿠라마쓰 유우코倉松由子,
  야스하라 마유리安原真百合, 야나기자와 노부코柳沢伸子,
  이시카와 세이코石川聖子, 비젠 카즈코備前和子, 키무라 후미에木村文江,
  오츠카 노리코大塚紀子, 나카무라 요우코中村陽子, 키요미즈 준코清水順子,
  아키야마 쿠미코秋山久美子, 쿠스모토 요우코楠本陽子,
  무라마쓰 타이코村松泰子.

- 네팔 눕체8516m를 등정한 베르니나 산악회대에 오기노 유카荻野由加가 참가.

- 고산연구소 에베레스트대에 나가오 다에코長尾妙子가 참가했으나,
  무산소로 사우스 콜에 도착한 후 포기.

- 초오유8,201m를 등정한 기타큐슈北九州대에 노다 타에코野田多恵子,
  오오스미 무쓰코大隅むつ子가 참가.

- 메라피크를 목표로 한 도치기栃木현 근로자산악연맹대에서
  에이모리 히로코永森裕子가 등정.

- 메라피크를 등정한 간사이関西학원대학 반더포겔부대에
  코메사와 쓰네코米沢典子가 참가.

- 외국인 금지 지역인 인도 킨나우르 지역 킨나우르 카일라스Kinnaur
  Kailash,6,473m를 특별 허가를 받아 도전했으나 일본히말라야협회·인도
  합동여성대는 일수 부족으로 포기.
  일본 측 멤버는 테라사와 레이코寺沢玲子, 사이토 노리코斎藤則子,
  카네코 아케미金子珠美, 카자마 카요코風間雅子, 나지와라 사유리南指原さゆり.

- 파프스라를 등정한 시즈오카静岡 소사이어티대에
  코이즈미 키요미小泉喜代美가 참가.

- 캉이세이를 등정한 센다이仙台산악회대에 참가한
  사사키 미유키佐々木みゆき가 6,354m봉을 등정.

- 눈에 등정한 동양대학대에서 카와구치 시즈카川口静香가 등정.

- 카라코람 치린 동봉7,090m을 목표로 한 요코하마横浜산악회대에
  아오야기 토모코青柳知子, 가네나리 야쿠코吉沢宣子, 타카노 카즈코高野和子가
  참가.

- 카라코람 루프가르사르 동봉7,200m을 목표로 한 아키타秋田
  클라이머스클럽대에 사사키 이호코佐々木いほ子, 다나카 미유키田中美由喜가
  참가.

- 파키스탄 파락사르Falak Sar, 5,918m를 목표로 한 공모대에
  테쓰카 키에코手塚紀恵子가 참가.

- 파미르 7,000m봉 3산을 등정한 구산九山동인·등반클럽NCP 합동대에
  참가한 사토 유키佐藤由紀가 레닌을 등정.

- 고산연구소대의 나가오 다에코長尾妙子 대장이 코뮤니즘을 등정.

- 아라랏트를 전원 등정한 오카야마岡山현 근로자산악연맹대에
  모리타 타에코森田妙子가 참가.

- 데날리를 웨스트립으로부터 전원 등정한 교토京都산악회대에
  엔도 교코遠藤京子, 오타 케이코小田佳子가 참가.

- 아콩카과를 등정한 나카무라 산악회中村山の会대에 나카야마 미코中山美子가
  참가.

- 아콩카과 공모대에서 다베이 준코田部井淳子 대장 이하,
  이카라시 토시코五十嵐トシ子, 마시마 하나코真嶋花子, 오이카와 토미及川トミ,
  코바야시 사에코小林さえ子가 등정. 그 외 아라세키 키와코新関紀和子,
  모리시마 토모코森島友子, 다카하시 토키코高橋富貴子가 참가.

- 고산연구소대의 엔도 유카전·오기노가 아콩카과를 등정.

1987년

- 다카하시 미치코高橋通子가 카모시카カモシカ 동인대를 이끌고 북한을 방문하여 동계 백두산, 묘향산 등을 등정.

- 중국 게넌봉格聶峰, Ge'nyen Massif, 6,204m을 목표로 한 일본 히말라야협회대에 엔도 교코遠藤京子, 시바사키 히로요芝崎裕代, 토비타 사나키飛田真樹가 참가.

- 중국 타쿠냥산을 등정한 공모대에서 이쓰키 미치코伊吹美知子, 고레에다 이사코是枝義子, 타키사와 키요코滝沢靖子, 사카니시 토미코坂西富子, 나카무라 유지코中村友示子, 사노 후미에佐野文江, 후카사와 쥰코深沢順子, 사카모토 레이코坂本玲子가 참가.

- 중국 매리설산6,740m을 목표로 한 아라이新井산악회대에 이이즈카 키요코飯塚清子가 참가.

- 동계 초모랑마를 목표로 한 우탕클럽대에 하세가와 마사미長谷川昌美가 참가.

- 초오유를 목표로 한 카모시카 동인대에서 다카하시 미치코高橋通子 대장도 등정.

- 중국 코시토시 무즈타그6,699m를 목표로 한 후쿠오카福岡산악회대에 다카하시 카치코高橋勝子, 오오타 이쿠코太田育子가 참가하여 부근의 5,740m봉을 등정. 그 외 키무라 토시코木村寿子가 참가.

- 토무르를 정찰한 니시진西陣산악회대에 무라사키 에이코村崎栄子, 요시무라 키시코吉村紀仔子, 하타나카 유미코畑中由美子, 이토 사유리伊藤小百合가 참가.

- 아일랜드피크와 메라피크2봉을 전원 등정한 홍능紅稜클럽·이타바시板橋 노산 합동대에 사시자키 토모코指崎知子가 참가.

- 메라피크를 등정한 나카요시なかよし; 사이좋은등산대에서 요코타 카요코横田佳世子가 등정. 그 외 스가노 노리코管野範子 참가.

- 마나슬루에 도전한 아오모리青森현 산악연맹대에 미카미 사토코三上敏子, 토베 요코戸部洋子가 참가.

- 마쓰모토 마사키松本正城 피상피크대에 사토 메구미佐藤めぐみ가 참가.

- 동계 안나푸르나를 남벽에서부터 등정한 군마群馬현 산악연맹대에 키무라 후미에木村文江가 참가.

- 동계 안나푸르나 닥신7219m을 목표로 한 우쓰노미야宇都宮 백봉회白峰会대에 야스타 사토코安田里子가 참가.

- 인도 탈레이 샤가르Thalay Sagar, 6,904m를 목표로 한 이세사키伊勢崎산악회대에 오자와 모모코小沢百子, 오오쓰 하루미大津明美가 참가.

- 바기라티2봉을 등정한 도쿄東京도 서부 근로자산악연맹대에서 사토 유키佐藤由紀, 미하라 요코三原洋子가 등정. 그 외 타카모토 노부코高本信子, 히구치 하루코樋口治子, 이케타 유키池田由紀가 참가.

- 인도 KR4봉6,340m을 등정한 비스타리클럽대에 타마사키 유미玉坂由美가 참가.

- 키시타 요우코木下祥子 일행 일본 히말라야협회 여성대의 코이즈미 케이코小泉恵子, 카이즈카 타마키貝塚珠樹가 인도 눈7,135m 등정. 그 외 멤버는 이치카와 하루요市川春代, 테라사와 레이코寺沢玲子.

- 카라코람 K28,611m를 목표로 한 고산연구소대에 엔도 유카遠藤由加가 참가.

- 카라코람 트랑고캐슬5,753m을 동벽 ~ 남동릉으로 전원 초등정한 성릉등고회星稜登高会대에서 노나카 유키코野中由紀子가 등정.

- 코르제네프스카야를 등정한 도오道央 근로자산악연맹대에서 다카하시 사토코高橋敏子가 등정.

- 레닌을 등정한 도쿄 스키산악회대에 다카하시 쿠미코高橋久美子가 참가.

- 안데스 토크야라후Toclaraju, 6,032m를 등정한 곤도 쿠니히코近藤邦彦대에서 키요타 미와코清田美和子, 니시나카 세쓰코西中節子가 등정.

- 다베이 준코田部井淳子・하시모토 시오리橋本しをり 페어가 안데스에서 활동. 우루스 동봉Urus Este, 5,420m, 토크야라후6,032m, 이싱카Ishinca, 5,530m, 피스코 서봉Pisco Oeste, 5,752m을 등정.

- 아콩카과를 등정한 이타미伊丹고교 OB회대에서
  토비타니 마키코飛谷真貴子가 등정.

- 아콩카과를 등정한 공모대에서 스즈키 카즈코鈴木和子,
  요네모치 키요코米持清子가 등정. 그 외 이시카와 세이코石川聖子,
  토가와 사토코十川知子, 다나카 케이코田中恵子가 참가.

1988年

- 중국 체르6,166m를 초등정한 고베神戸대학·중국 합동대에서
  스기모토 나오코杉本直子가 등정.

- 일본 히말라야협회대에 참가한 엔도 교코遠藤京子,
  테라사와 레이코寺沢玲子가 게넨봉을 초등정.

- 초모랑마에 도전한 우탕클럽대에 하세가와 마사미長谷川昌美가 참가.

- 네팔 칸첸중가8,586m를 등정한 히말라야동인대에 오무라 쿄코小村恭子가
  참가.

- 오카야마岡山악우회대의 아라카와 요우코荒川洋子 대장이 아일랜드피크
  등정.

- 네팔 캉테가6,779m를 목표로 한 오리오折尾산악회대에
  마에다 하루미前田明美가 참가.

- 스다르샨파르벳을 등정한 도야마富山 산상회대에서
  마에다 토모코前田友子가 등정.

- 일본산악회 여성대의 다베이 준코田部井淳子 대장 이하, 비젠 카즈코備前和子,
  마쓰다 누리코松田柳子, 쿠라이 토요倉井登代가 인도 시바6,142m를 등정.
  그 외 멤버는 타카모토 노부코高本信子, 하야카와 루리코早川瑠璃子,
  오다사와 미치코織田沢美知子, 미야하 미키코宮派美湊子, 조다 수미에條田澄江,
  이시카와 세이코石川聖子, 미야사카 노리코宮坂敦子, 다나카 쿄코田中恭子,
  스에요시 히로코末吉裕子.

- 얀을 등정한 일본산악동해지부대에서 나카세코 나오코中世古直子가 등정. 그 외 코시마 키요코小島清子가 참가.

- 스톡캉리를 전원 등정한 마쓰에松江 알펜클럽대에서
시라이시 키미코白石淑子, 카쓰부 마리코勝部麻里子, 이시하라 케이코石原恵子가 등정.

- 쇼와昭和산악회대에 참가한 마쓰모토 사치松元サチ가 카라코람
브로드피크8,047m를 등정. 그 외 야사쿠 나오코矢作直子가 참가.

- 고산연구소대 엔도 유카遠藤由加가 낭가파르바트에서 일본 여성 최초
8,000m봉 무산소 등정에 성공.

- 여자등반클럽대의 하시모토 시오리橋本しをり 대장 이하
야스하라 마유리安原真百合, 야나기자와 노부코柳沢伸子,
키타카와 미하루北川みはる, 키무라 후미에木村文江 등 5명이 파키스탄
가셔브룸2봉8,035m을 등정.
그 외 스즈키 쿄코鈴木恭子, 쿠리바야시 사치栗林佐知, 마쓰나가 노부코松永信子,
키타노 시나코北野倫子, 아키야마 쿠미코秋山久美子, 후쿠타 에쓰코福田悦子가 참가.

- 치린 서봉에 재도전한 요코하마横浜산악회대에 아오야키 카즈코青柳知子,
소토오카 이토에外岡いと江가 참가.

- 가을 가셔브룸2봉을 계획한 일본 히말라야협회대에
테라사와 레이코寺沢玲子가 참가.

- 파락사르를 목표로 한 백령산악회대에 한모토 미츠코半本光子가 참가.

- 코르제네프스카야와 코뮤니즘을 등정한 뉴욕동인대에서
쿠라사와 에이코倉沢英子가 양봉을 등정. 그 외 모모세 케이코百瀬恵子가 참가.

- 레닌을 등정한 카와사키川崎교원대에 키요타 코우코清田康子가 참가.

- 레닌을 등정한 사이타마埼玉현 고체연대에 세키구치 사치코関口幸子,
아쓰코貴子 자매가 참가.

- 남 사할린 체흡산1,043m에 등산한 삿포로札幌 백릉회白稜会대에
  시마자키 코우코島崎紘子가 참가.

- 데날리를 등정한 아이치愛知현 근로자산악연맹대에
  야마코시 마사코山腰眞佐子가 참가.

- 여삼인女三人대의 다베이 준코田部井淳子, 마시마 하나코真島花子가 데날리
  등정. 그 외 기타무라 세츠코北村節子가 참가.

- 다베이 준코田部井淳子 대장 공모대가 에콰도르 안데스 침보라소6,319m를
  등정. 그 외 여성 참가자는 오오토모 토미코大友とみ子,
  다나카 케이코田中恵子, 카나미쓰 쿄코金光慶子.

- 우루스, 이싱카, 토크야라후를 등정한 사가미相模 노산대에 카토리
  시즈코香取静子가 참가하여 3봉 모두 등정. 카네코 나오코金子直子가
  우루스를 등정.

- 아콩카과 공모대에서 나가오 다에코長尾妙子가 등정.

- 몽골 엔후타이반4,031m을 등정한 몬타니유회대もんたにゆ会에
  코하라 레이코小原怜子, 야마모토 아오山本碧, 요코야마 노리코横山倫子,
  아키야마 후미코秋山文子, 이시이 야에코石井八重子, 아라키 준코荒木順子,
  노자키 쿠니코野崎久仁子, 오카베 치에코岡部千恵子가 참가.

- 겨울 백두산을 중국 측에서부터 전원 등정한 시모교下京 노산대에
  사토 쓰네코佐藤典子, 나이토 레이코内藤玲子, 쿠라미쓰 준코倉光順子,
  키시다 이쿠오岸田育穂가 참가.

1989년

- 카사마쓰 미와코笠松美和子가 단독으로 아콩카과를 2회 등정했으나,
  1회차는 베이스캠프로부터 3일차에 등정, 2회차는 베이스캠프로부터
  하루만에 정상을 왕복원데이 어센트. 여성 원데이 어센트는 같은 봉 최초임.

- 키쿠가와 미호菊川美保, 당시 미국 콜로라도대학 재학가 미국 남성 2명과 아콩카과
  폴란드 빙하 루트부터 알파인 스타일로 등정.

- 중국 샬루리沙魯里山, Shaluli Mountains, 6,032m를 목표로 한 일본 히말라야협회대에 스가누마 코우코菅沼弘子, 카이즈카 타마키貝塚珠樹가 참가.

- 매리설산梅里雪山을 목표로 한 교토대학사산악회京大学士山岳会에 이와츠보 레이코岩坪昑子가 참가.

- 중국 알툰샨阿尔金山, Altun Shan, 5,798m을 초등정한 아키타秋田 시·란저우蘭州 시 합동대에 오슈 유카코奥州由佳子, 쿠도 타즈코工藤多鶴子, 아사쓰마 미유키浅妻みゆき가 참가.

- 키렌샨 주봉5,547m을 목표로 한 아키타秋田 알파인클럽대에 기타바야시 카즈오北林嘉鶴子가 참가.

- 엔도 교코遠藤京子 대장 일행 교토京都산악회가 중국 신청봉新青峰, 6,860m 초등정을 목표로 했으나 포기.

- 중국 시구앙리四光峰, Siguang Ri, 7,308m를 초등정한 오사카大阪시립대학대에 니시자와 히로코西沢裕子가 참가.

- 중국 울루 무즈타그를 등정한 릿쇼立正대학대에서 아라키 메구미荒木恵도 등정.

- 중국 측에서부터 가셔브룸1봉을 도전한 미야기宮城현 산악연맹대에 가토 사유리加藤さゆり가 참가.

- 교토대학사산악회京大学士山岳会에 참가한 시라자와 아즈미白沢あずみ가 무즈타그타워 등정.

- 중국 콩구르튜베Kongur Tube, 7,530m를 목표한 미야기宮城현 산악연맹대에 야마자키 치즈루山崎千鶴가 참가.

- 중국 카시카르봉Koxkar, 6,437m 초등정을 목표로 한 오카야마岡山현 근로자산악연맹대에 우지이에 미치코氏家美智子, 모리타 유미코森田由美子, 후지이 하루에藤井晴美가 참가.

— 네팔 아마다블람6,812m 북릉에 도전한 일본 마운티니어링대에
이치무라 하루나市村春水, 타쓰타 요시미龍田佳美, 호리카와 쿄코堀川京子가
참가. 일행은 이에 앞서 아일랜드피크를 이치무라가 등정.

— 카네코 히데히토金子秀一·아케미珠美 부부가 아일랜드피크 등정.
이후 이 둘은 쿠슘캉구루에 도전했으나 포기.

— 아일랜드피크를 오른 도쿠시마德島 노산대에 카와하라 하쓰에川原初枝가
참가.

— 네팔 쿠슘캉구루6,369m를 목표로 한 일본산악회 학생부대에
온다 마사미恩田真砂美가 참가.

— 다베이 준코田部井淳子 대장 일행 여성대가 메라피크를 전원 등정.
그 외 멤버는 후쿠다 치에코福田千惠子, 비젠 카즈코備前和子,
다나카 쿄코田中恭子.

— 카모시카·베라벤트·클럽 메라피크대에 참가한 나가이 아키코永井朋子가
등정. 그 외 도타 노리코銅田倫子, 킨세이 야쿠코金成約子, 나카가와
유키코中川由紀子도 참가.

— 에베레스트를 등정한 카토만즈클럽대에서 니시히라 케이코西平惠子가
무산소로 사우스 콜에 도달. 그 외 나리타 쿄코成田涼子,
카나자와 아키코金沢明子가 참가.

— 네팔 푸모리를 등정한 푸모리의 바람プモリの風대에 테라마에 스즈에寺前鈴恵,
사카이 리쓰코坂井りつ子가 참가.

— 마나슬루를 목표로 한 히말라야동인대에 나쓰카 코우코名塚好子가 참가.

— 람중히말을 목표로 한 나가사키長崎 아사기리朝霧;아침안개 산악회대에
카와카미 아키코川上秋子, 하야시다 미스즈林田美鈴, 미노타 유미코蓑田由美子가
참가. 이후 피상피크로 전진하여 등정.

- 다치카와^{立川}여고 등산대가 출루산군의 약 5,880m봉을 등정.
  등정자는 시치리 란코^{七里蘭子}, 아라카와 나오코^{荒川菜穂子},
  모리카와 미치코^{森川道子}, 와카바야시 사야카^{若林さやか},
  가스노부 히로에^{糟信裕恵}, 토자와 아쓰코^{戸沢温子}.
  그 외 유우키 카요코^{結城雅子}, 타카타 미유키^{高田みゆき}, 혼미야 카오리^{本宮香}가
  참가.

- 바기라티1봉을 등정한 아이즈^{会津}산악회대에 사토 유키^{佐藤由紀},
  하세가와 쓰네코^{長谷川典子}가 참가.

- CB13을 등정한 가쓰야마^{勝山}산악회대에서 코바야시 마유미^{小林真弓}가
  등정. 그 외 아사 미도리^{旦緑}, 하마다 카즈코^{浜田和子}가 참가.

- 고산연구소대에서 엔도 유카^{遠藤由加}가 가셔브룸1봉^{8,068m}을 등정.

- 카라코람 하라모쉬라 부근 6,660m봉을 목표로 한 이와테^{岩手}현
  고체연대^{高体連隊}에 엔도 마사코^{遠藤正子}가 참가.

- 파키스탄 바후슈타로 계곡 입구 주변의 5,000m봉 군에 오른
  카나가와^{神奈川}현 고체연대^{高体連隊}에 기타시마 아리코^{北島光子},
  키쿠타 케이코^{菊田佳子}가 참가.

- 낭가파르바트를 목표로 한 도쿄농대대에 후쿠사와 사치코^{福沢幸子},
  요시노 마사에^{吉野昌江}가 참가.

- 일본근로자산악연맹 고소등산학교대에 참가한 니시무라 마키요^{西村牧代},
  야마모토 에리코^{山本えり子}, 이와나미 케이코^{岩波圭子}가 소련 천산^{天山}산맥
  한텡그리^{7,010m}를 등정. 그 외 히라타 미유미^{平田雅美}가 참가.

- 한텡그리를 등정한 사가미^{相模}노산대에 니시무라 노부코^{西村伸子}가 참가.

- 코르제네프스카야를 전원 등정한 삿포로북릉^{札幌北稜}클럽대에
  키시타 사카코^{木下祥子}, 토쿠타 유카리^{徳田ゆかり}가 참가.

— 고니시 마사쓰구小西正継대에 참가한 시마무라 후미에嶋村芙美江,
미하라 요코三原洋子, 후지쿠라 카즈요藤倉歌都代가 레닌을 등정.
시마무라嶋村는 56세로, 일본 여성 7,000m봉 최고령 등정자가 됨.
그 외 시라사와 마유白沢真弓가 참가.

— 카네코 아케미金子珠実가 아치쿠타시アチク・タシ동인대 1인으로서 레닌을
등정.

— 타카모토 노부코高本信子가 공모대를 이끌고 레닌에 도전했으나 포기.

— 다베이 준코田部井淳子가 이끄는 공모대가 엘브루스 동봉5,621m을 등정.
여성 등정자는 대장 이하 마시마 하나코真島花子,
이라카시 토시코五十嵐トシ子, 오이카와 토미及川トミ, 모리시마 토모코森島友子,
다카하시 후키코高橋富喜子. 그 외 다나카 케이코田中恵子,
카나미쓰 쿄코金光慶子, 사카우에 미쓰에坂上光恵가 참가.

— 다카하시 미치코高橋通子가 TV 촬영팀 등과 우간다 르웬조리5,109m를 등정.

— 요코하마横浜 蛇闘牛산악회대의 이나바 유우코稲葉優子가 데날리를 등정.

— 데날리를 등정한 사세보佐世保 산악회대에 카와와키 사치코川脇幸子가 참가.

— 아콩카과 공모대에 참가한 와다나베 타마에渡辺玉枝,
시오타니 카즈코塩谷寿子가 등정.

— 일본산악회 유지9명 중 여성 8명와 인도네시아 합동대가 인도네시아 롬복 섬
린자니3,726m를 등정. 등정자는 마쓰나가 코우코松永康子,
구로이와 히사시黒石恒, 쿠마타니 토모코熊谷とも子, 오오쓰카 레이코大塚玲子,
사토 치에코佐藤知恵子, 소메타니 미사코染谷美佐子, 이시미쓰 쿠니코石光久仁子,
타카모토 노부코高本信子.

— 몽골 시아 강테구리4,200m를 등산한 일·몽 우호여자교류대에서
다베이 준코田部井淳子 대장 이하 미카미 유이코三上由子, 전·쿠라마쓰倉松,
후쿠시마 유리코福島由合子, 무라구치 요시코村口好子,
하라다 노리코原田雅子カ가 전원 등정.

──────
1990년

- 초오유를 등정한 가쿠슈인学習院대학대에 타카노 사치高野佐知가 참가.

- 시샤팡마 중앙봉8,008m을 등정한 교토대학사산악회京大学士山岳会에서
  시라자와 아즈미白沢あずみ가 등정. 그 외 아다치 미나미足立みなみ가 참가.

- 초고리K2를 북서벽 ~ 북벽으로 등정한 요코하마横浜시 산악협회대에
  코무라 타에코小村恭子가 참가.

- 아일랜드피크를 목표로 한 카트만두 클럽 타카마쓰高松
  시민등산학교대에서 후지사와 세쓰코藤沢節子, 양삼용揚三容[206], 도게
  타다코稲毛忠子, 오오이시 준코大石純子, 타케우치 마리코竹内真理子가 등정.

- 텐트피크를 목표로 한 이타바시板橋노산대에서 야마오카 사치코山岡幸子,
  카와노베 아리코河野辺光子가 등정. 그 외 야마모토 치카코山元千香子가 참가.

- 여자등반클럽대의 야스하라 마유리安原真百合와 키무라 후미에木村文江가
  다울라기리1봉8,167m을 등정. 그 외 부원은 미야사카 노리코宮坂敦子,
  다카하시 아이高橋あい.

- 사토판트를 등정한 일본 히말라야협회대에서 엔도 교코遠藤京子,
  유라이 마사코平川宏子가 등정. 그 외 나지와라 사유리南指原さゆり가 참가.

- 인도 강고트리3봉6,577m을 목표로 한 효고兵庫현 근로자산악연맹대에서
  니시무라 마키요西村牧代가 등정. 그 외 니시나카 세쓰코西中節子,
  야마자키 치요山崎智代도 참가.

- CB14을 목표로 한 요카이치八日市산악회대에 후지타니 나오코藤谷直子가
  참가.

- 스톡캉리6,153m를 등정한 오사카大阪고체연대에서
  마쓰오카 히로코松岡容子가 등정. 그 외 나카야마 유카리中山ゆかり가 참가.

- 가셔브룸2봉을 전원 등정한 예티동인대에서 엔도 유카遠藤由加가 등정.

─────────────────────────────

206 재일교포로 추정.

- 카라코람 우르타르2봉Ultar Sah II, 7,388m을 목표로 한 우탕클럽대에 하세가와
  마사미長谷川昌美가 참가.

- 힌두라지 가무바르봉6,518m을 목표로 한 후쿠오카福岡등고회대에
  키요미즈 히로미淸水啓美, 우메모토 야스코梅基安子, 사다미쓰 후미에貞光文江,
  코야나기 미사코小柳美砂子가 참가.

- 동인 파이네니아소프대는 낭가파르바트를 등정했으나,
  나가오 다에코長尾妙子 대장은 포기.

- 낭가파르바트 근처 샤이기리Shaigiri, 5,971m를 등정한 니가타新潟현
  산악협회대에 야마나 나오미山名尚美, 사이토 하루미斎藤明美,
  가토 이즈미加藤いずみ, 아베 요우코阿部陽子가 참가.

- 일본 근로자산악연맹 고소등산학교대에 참가한 우에다 타에코上田恭子,
  타카다 레이코高田玲子가 한텡그리를 등정. 그 외 카와토 미치요川戸美千代도
  참가. 우에다, 타카다는 이어서 포베다7,439m에 도전했으나 서봉6,918m에서
  포기.

- 코뮤니즘을 목표로 한 히로사키弘前노산대에 타자와 사치코田沢幸子,
  미노와 히로코箕輪容子가 참가.

- 레닌을 전원 등정한 파르나슈우스 동인대에 스즈키 호나미鈴木ほなみ가
  참가.

- 팀 카기로이陽炎; 불꽃대의 이마기타 나오미今北直美가 레닌을 등정.

- 팀 카제노코風の子; 바람의 아이대의 토오야마 유미코遠山由美子가 데날리 등정.

- 침보라소를 목표로 한 프로젝트90대에 미우라 아키코三浦亜紀子,
  타니구치 히사코谷口寿子가 참가.

- 아콩카과를 전원 등정한 팀 에스카라루エスカラール대에
  하타노 유리코畑野ゆり子가 참가.

- 아콩카과 공모대에 이마이 테루코今井輝子가 참가.

- 다베이 준코田部井淳子, 기타무라 세츠코北村節子, 마시마 하나코真島花子가
  남극대륙 최고봉 빈슨 매시프4,897m를 등정.

- 우메노 도시코梅野淑子가 터키의 하산3,268m과 에르지에스3,916m를 현지 등산가와 함께 등정.
- 일본산악회 유지대가 인도네시아 크린치산Gunung Kerinch, 3,805m를 등정. 여성 등정자는 마쓰나가 코우코松永康子, 타카모토 노부코高本信子, 사토 치에코佐藤知恵子. 다카모토와 사토는 토우쥬2,604m도 등정. 사토는 이후 스메루 화산Gunung Semeru, 3,676m도 등정.
- 사토 치에코佐藤知恵子가 인도네시아 아궁산Gunung Agung, 3,142m을 등정.

———

1991년
- 사토 치에코佐藤知恵子가 인도네시아 탐보라2,821m를 등정.
- 일본교원대에 참가한 하나부사 케이코花房圭子가 소련·카자흐대와 함께 한텡그리를 등정.
- 브로드피크를 등정한 도쿄東京스키산악회·동인파이네니아소브대에서 나가오 다에코長尾妙子가 무산소 등정.
- 초오유를 목표로 한 시루바타토르대의 와다나베 타마에渡辺玉枝가 등정. 산소는 사용했으나 일본 50대 여성 최초로 8,000m봉 등정.
- 마칼루8,463m를 목표로 한 베르니나산악대에서 나가오 다에코長尾妙子가 무산소 등정했으나 심한 동상을 입었음.
- 카사마쓰 미와코笠松美和子가 페루 등산가 팬 모라레스와 페어로 와스카랑 북벽을 등정. 등산 기지인 와라스 마을부터 5일간 왕복. 카사마쓰는 그 전에 피스코 서봉도 단독으로 등정.

에필로그

여성 등산의 발자취를 기록으로 남기려고 자료 수집을 생각하게 된 계기는 1968년 8월에 열린 일본산악회 창립 80주년 기념 산악 전람회였다.

그 전람회의 일환으로 「여성의 등산 여명기부터 현대까지의 발자취」를 테마로, 옛날 사진이나 여류 등산가의 장비류^類 등을 역사 연표와 함께 일본산악회 룸에 전시하였더니 생각지도 못한 호평을 받게 되었다. 그때의 자료 등은 전람회가 끝난 후에 마쓰모토^{松本} 알프스 산악관^館에 위임하여 여성 코너에서 전시하고 있다. 자료 수집을 거기서 멈추면 어중간하게 끝나 버리게 되는데, 이것은 누군가가 하지 않으면 안 될 일일뿐만 아니라 그것도 지금 하지 않으면 자료 발굴은 더욱더 힘들어진다고 생각하여, 나는 그 이후에도 자료 수집을 계속하기로 하였다.

그때부터 벌써 7년의 세월이 지났다. 각 산악 단체나 산악인, 신문사, 잡지사 등의 협력을 구해 자료를 모으고 청문 조사 등을 통하여 조금씩 원고를 정리해 왔다. 그리하여 이번에 불충분하지만 『일본 여성 등산사』라는 이름을 붙인 한 권의 책으로 겨우 통합, 정리하게 되었다. 이 책은 이런 과정을 거쳐 빛을 보게 되었지만 앞으로 다음 세대의 여러분들이 이것을 보충하여 보다 충실한 『일본 여성 등산사』가 완성되기를 갈망하는 바이다.

이 책이 출판되기까지 일본산악회의 우메노 도시코梅野叔子 회원에게 자료 수집부터 크나큰 도움을 받았다. 당초 집필은 일정 부분 분담하기로 하였으나 끝내고 보니 마치 두 사람의 합작품처럼 되었고 문자 그대로 공저共著가 되었다. 또한 곤도 가즈요시近藤和美 씨는 해외 등산의 기술뿐만 아니라 산악 저널리스트로서 모든 사항을 두루 살펴 주셨다. 나는 일본의 등산 역사를 남기기 위해 「산악박물관」에 여성 코너를 만들려는 꿈을 가지고 있다. 그 꿈을 이루는 과정의 하나인 이 책의 출간은 위의 두 사람의 협력이 없었다면 불가능하였을 것이다.

또한, 이 책이 출판될 때까지 자료 수집과 그 밖의 일에서도 도움을 받은 개인, 단체, 기관 등에도 감사의 뜻을 표하고 싶다.

1992년 8월, 사카쿠라 도키코坂倉登喜子

옮긴이의 글

세계적으로 유명한 산을 오른 역사를 기술한 「○○산 등산사^{登山史}」라고 출간된 책은 적지 않으며, 특히 자기 나라의 등반 역사를 정리한 책들은 각국에서 앞 다투어 출간되어 왔다. 하지만, 여성 등산사의 경우에는 동서양을 막론하고 정리된 책을 거의 찾아볼 수 없는 것이 실상이다.

사카쿠라 도키코^{坂倉喜子}와 우메노 도시코^{梅野淑子}의 『일본 여성 등산사^{日本女性登山史}』는 1990년대 초반에 출간된 책으로, 그런 의미에서 선구자적 노력의 일환이라고 할 수 있겠다. 저자가 프롤로그에서도 밝히고 있듯이, 여성의 입산이 오랫동안 금지되어 온 일본에서의 여성 등산사는 단지 스포츠 사료로서의 역사적 기록을 넘어, 여성 해방 운동의 선구자적 역할을 해온 일본 신여성들의 기록이라 할 수 있을 것이다.

지난 시절을 알 수 있는 실증자^{実証者}들도 별로 남아 있지 않은 상태에서, 더 늦기 전에 그들로부터 전해들은 이야기를 기록으로 남겨 정리하는 것은 다음 세대에게 귀중한 자료를 물려주는 중요한 일임에 틀림없으리라. 이 점이 이 책의 중요한 가치 중에 하나라고 생각한다.

특히, 제6장 「등산객을 위해 애쓴 산파의 여성들」에 나오는 에피소드 등은 주제와는 다소 동떨어져 보이지만, 그 당시 일본의 풍물을 엿볼 수 있어서 개인적으로는 일본을 이해하는 데 도움이 되었고 재미있게 읽었던 부분이다. 이 작은 책 한 권이 독자 여러분들에게 일본의 산악 등반사 뿐만 아니라 일본의 관습이나 문화를 이해하는 데 도움이 되었으면 하는 바람이다.

일본 근대사까지 거슬러 올라가는 이 저작을 번역하기에 나의 역량이 부족하다는 것을 충분히 알고 있으나 이 책의 발행처인 하루재 북클럽과의 인연으로 선뜻 번역을 떠맡고 말았다.

특히, 고어와 지명 등은 나름대로 일본 고유의 원음 표기에 충실하려고 애썼고 표준 일본어 표기법을 따랐다. 초고가 완성된 후에 다른 분들과 번역을 검토해 볼 수 있는 기회가 별로 없었으므로, 오역이나 어색한 번역, 혹 잘못된 주석이나 표기 등은 전적으로 역자의 책임임을 밝혀 둔다.

2018년 정월, 최원봉

참고문헌

『冨士講の歴史』岩科小一郎, 名著出版, 1983년 9월

『富士の研究』Ⅲ 井野辺茂雄「富士の信仰」 浅間神社編 古今書院, 1928년 12월

『登山の先駆者たち』熊原政男, 校倉書房, 1963년 11월

『立山信仰の歴史と文化』高瀬重雄, 名著出版, 1981년 3월

『立山における登山の歴史』佐伯立光, 立山寺, 1957년 2월

『立山案内』大井冷光(信勝), 清明堂書店, 1908년 6월

『立山町史』立山町, 1977년

『富山日報』1909년 7월 23일 ~ 8월 25일

『富山県体育協会五〇年 史』富山県体育協会

『日本事物誌』バジル・ホール・チェバレン 平凡社, 1969년(訳本)

『ヤング ジャパン』ジョン・レディ・ブラック, 平凡社, 1970년(訳本)

『富士案内』野中至, 春陽堂, 1901년 8월

「芙蓉日記」野中千代子, 『報知新聞』1896년 1월 8일부터 연재

『高嶺の雪』落合直文, 明治書院, 1896년 9월

『芙蓉の人』新田次郎, 文藝春愁, 1981년 3월

『青森県政だより』1984년 8월

『岩木山』品川弥千江, 東奥日報社, 1968년

『社会事業に生きた女性たち』五味百合子編, ドメス出版, 1973년 6월

『信濃教育』1899년 9월(複製図書刊行会, 1982년)

『雪・女性とスキー』村井米子, 南光社, 1933년

『山の明け暮れ』村井米子, 第一書店, 1942년

『山の素描』黒田正夫, 黒田初子共著, 山と渓谷社, 1931년

『岳麓漫歩(七)』「富士山百一年」仁藤裕治, 悦声社, 1984년 7월

『山岳』日本山岳会年報 第1年 第1号～第86号, 1906년 4월～1991년 12월

『山』(日本山岳会会報) 1号～565号, 1930년 10월～1992년 6월

『会報』(横浜山岳会), 1号～50号, 1930년 3월～1934년 4월

『年報』(横浜山岳会), 2号＝1934년 8월, 3号＝1958년 2월

『創立五〇周年 紀念誌』横浜山岳会, 1983년 11월

『会報』(日本登高会)。1号～73号, 1931년～1940년 7월

『葛城』(泉州山岳会会報), 232, 233号＝1978년, 235～237号＝1979년, 241号, 248
　　号＝1982년, 252号＝1983년, 265号＝1986년, 特別号＝1974년

『山刀』飛彈山岳会, 1980년 7월

『せふり』(福岡山の会会報), 1～3号, 5～12号, 51号, 52号, 111～169号, 176号,
　　1932년 10월～1983년 11월

『会報の落穂』東京アルコウ会, 渡辺雨宿, 1969년 9월

『山上』奈良山岳会40周年 記念号, 1972년 9월

『エーデルワイス』(エーデルワイスクラブ会報), 46号(20周年 記念号)＝1975년
　　4월。66号(30周年 記念号)＝1985년 4월

『エーデルワイス・クラブ三十五年 のあゆみ』エーデルワイス・クラブ, 1990년
　　6월

『ガムス』(山岳巡礼クラブ会報), 50周年 記念号, 1985년

『OCARINA』(オカリナ山岳会会報), 2号～13号, 1956년～1970년 10월

『みのわ』(みのわ会会報), 25周年 記念号。

『"われらの軌跡" 山岳会に生きた五〇年』東京辿路山岳会, 1985년 5월

『東京登歩渓流会会報』3, 4월 合併号, 1943년

『日本岳連史ー山岳集団五〇年 の歩み』高橋定昌, 出版科学総合研究所, 1982년
　　1월

『山と溪谷』1号より各号, 1930년 5월부터

『芝浦山岳会誌』東芝山岳会60周年 史, 1974년 8월

『東京市役所山岳部報』1号, 1933년 2월

『都庁山岳部部報』175号, 創立50周年 記念特集号, 1981년 10월

『年報』(東鉄スキー山岳部), 3号, 1934년

『エーデルワイス』(日本興業銀行山岳ハイキング部), 15号 = 1972년 3월, 16
　　号 = 1982년 3월

『部報』(八幡製鉄山岳部), 165号, 1955년

『部報』(新潟鉄鋼登山とスキー部), 8号, 1945년 4월

『信濃毎日新聞』1980년 11월 19일, 20일

『リュックサック』(早稲田大学体育会山岳部), 11号, 1967년 7월

『青稲』(早稲田大学青稲会), 4号 = 1958년 11월, 16号 = 1977년 5월

『山行』(東京女子大山岳部), 1号 = 1967년 1월

『山と友』(東大山の会五〇周年 記念誌), 1981년 10월

『JOCH』12号, (東京慈恵会医大山岳部) 50周年, 1980년 3월

『北海道大学山の会五〇周年 記念誌』1979년 1월

『Aru Phad Chhon』日本女子大山岳部, 1号 ~ 9号 = 1970년 6월 ~ 1983년 9월

『翠適』(大阪樟蔭女子専門学校), 1号 = 1931년 3월, 2号 = 1932년 3월

『樟蔭』(樟蔭高女), 1号 = 1919년 11월

『ゆかりの梅』(横浜高女), 36号 = 1935년 1월

『横浜学院創立八〇年 記念誌』1980년 11월

『北海道立札幌北高校六〇年 史』1963년 2월

『札幌南高校九〇周年 小史』1985년 10월

『百折不撓』札幌北海高校九十五周年 記念アンソロジー, 1980년 5월

『回顧三〇周年』(札幌市立高女), 1938년 9월

『無限』青森高校学校史, 1974년 2월

『岩手県立花巻南高校六〇年 "みなみ"』1971년 10월

『県立弘前中央高校八〇年』1980년 9월

『一関二高六〇年 史』1967년 12월

『宮城県立第一女子高校六〇年 史』1961년 9월

『福島県立本宮高校七〇年 "檀陵"』1984년 10월

『福島県立喜多方女子高校創立五〇周年 記念誌』1979년 7월

『栃木県立宇都宮女子高校九〇年 史』1966년 3월

『群馬県立太田女子高校五〇年 史』1973년 11월

『群馬県立渋川女子高校 "渋女六〇年 史"』1981년 1월

『埼玉県立浦和第一女子高校八〇周年 記念誌』1980년 10월

『創立四〇年 記念雑誌』千葉県立千葉高女, 1940년 6월

『東金高校の歴史』一～三, 千葉県立東金高校, 1974년 9월

『千葉県立佐倉東高校七〇周年』1977년 3월

『東京都立白鴎高校七〇年』1959년 3월,『同90周年』1978년,『百年 史』1989년 3월

『東京都駒場高校創立60周年』1963년 4월,『同創立八〇周年 "中寿"』1982년, 園生』
　　1～15号, 1962년～1976년

『東京都立三田高校五〇周年』1973년,『同60周年』1983년

『東京都立富士高校六〇周年 記念誌』1980년

『東京都立赤城台高校二〇年』1962년 12월,『同三〇年』1972년

『東京都立忍岡高校七〇年 記念誌』1981년 10월

『東京都立国立高校四〇周年』1980년

『共立女子第二高校一〇周年 誌』1980년 11월

『神奈川県立平沼高校創立八〇年 史』1981년 10월

『神奈川県立平塚江南高三〇周年』1951년 11월,『同五〇周年』1973년,『同華粋』9
　　号 1935년 3월

『たちばな』第 1 号, 横須賀高女創立三〇周年 記念号, 1937년 3월

『神奈川県立小田原城内高校五〇周年 記念』1958년,『同六〇周年 記念』1968년,
　　『同七〇周年 記念』1978년,『同槇の木陰』1983년 3월

『長野県立長野西高校六〇年 のあゆみ』1956년 10월,『同七〇年 のあゆみ』
　　1966년,『同八〇年 のあゆみ』1976년

『長野県立諏訪二葉高校七〇年 誌』1977년 9월

『長野県蟻ヶ崎高校七〇年 史』1971년

『長野県立松本美須々ヶ丘高校七五季史』1984년 1월

『長野県立大町北高校七〇年』1983년 3월

『長野県立野沢南高校七〇年 誌』1982년 4월

『長野県立飯山南高校創立五〇周年』1971년

『長野県立須坂東高校 "鎌田を仰ぐ六〇年"』1978년

『長野県立岡谷東高校創立六〇周年 記念誌』1972년

『長野県立伊那弥生ヶ丘高校 "六〇周年 の歩み"』1982년 8월

『私立松本松南高校創立三〇年 のあゆみ』1971년 10월

『八十년 誌』長野県立小諸高校 1986년 8월

『望월高校五十年 のあゆみ』1977년 11월

『深志百年』長野県立松本深志高校, 1978년 3월

『新潟県立長岡大手高校 "済美の友"』同校同窓会誌。

『山梨県立甲府西高校 "甲二物語" 六〇』1968년 6월,『同八〇年』1983년 3월

『静岡県立静岡城北高校 "たかね"』1958년,『同八〇周年 記念誌
　　"わが校のあゆみ"』1983년 8월

『静岡県立掛川東高校 "桔梗ヶ丘六〇"』1972년 11월

『静岡県立清水西高校六〇年』1971년 10월,『同七〇年 "清流"』1981년 9월

『静岡県立三島北高校学校史』

『静岡双葉高校八〇年』1983년 10월

『浜松市立高校八〇年』1981년 10월

『静岡誠心高校 "あゆみ"』1972년 10월

『静岡女子商業五〇年』1957년

『清水女学園五〇年』1948년

『富山県立富山高女同窓会報二八号』1928년 5월. 『同二九号』1929년

『富山市立富山高女校友会誌七号』1929년 11월. 『同8号』1930년 8월

『富山県立魚津高校八〇』1978년 3월

『富中, 富高百年 史』1985년 10월

『石川県立金沢第一高女 "済美に集う"』1981년 10월

『石川県立金沢桜丘高校 "金沢三中, 桜丘高校五〇年 史"』1970년

『石川県立羽咋高校 "星想羽咋ヶ丘六〇"』1982년 9월

『福井県立大野高校六〇年』1965년 11월

『福井県立武生高校七〇年 史』1969년 7월

『奈良県立高田高校五〇年』1971년 10월

『創立三〇周年 記念誌』兵庫県立第一神戸高女。1932년

『七〇年 記念誌』神戸學院女子高校, 1981년 11월

『六〇年 誌』市立尼崎高校, 1977년 11월

『兵庫県立伊丹高校八〇周年 記念誌』1982년 10월

『兵庫県立加古川西高校六〇年』1972년 11월

『西宮市立西宮高校沿革史六〇年』1980년 9월

『岡山山陽女子高校七〇年 史』1956년 10월

『鳥取県立八頭高校五〇年 史』1975년 11월

『愛媛県立今治北高校七五年』1973년 3월

『輝け道前の群像』愛媛県立西条高校八〇周年 記念誌, 1979년 11월

『弘前学院九〇年 史』1976년 10월

『岩手県立盛岡第一高校 "白堊校100年 史"』1981년 6월

『神奈川県立緑ヶ丘高校六〇年 史』1983년 11월

『埼玉県立川越高校八〇年』1979년

『県立静岡中学, 静岡高校100年 史』上, 下卷, 1978년 10월

『富田女子高六〇年 史』岐阜県富田女子高。1969년 3월

『吾妻山に死す 福島女師生遭難と案内人の死』片平六左著・発行, 1987년 12월

『富山日報』1919년 7월 24일, 28일

『高岡新報』1919년 7월 31일, 8월 1일

『横浜貿易新聞』1934년 8월 12일 ~ 18일

『毎日新聞』1982년 8월 26일

『富山県体育協会五〇年 史』1975년 8월

『山梨県高校体育連盟二〇年 のあゆみ』1968년 2월

『東京都高校体育連盟登山部資料集』1985년

『立川女子高校カナダツインズ北峰登山計画書』1982년

『学校登山に関するアンケート(東京)』1985년 7월

『ヨーロッパアルプス登山報告書』東京女子医大山岳部, 1967년

『女六人ヒマラヤを行く』細川沙多子, 1962년 1월, 朝日新聞社。

『女五人ニュージーランドを行く』佐藤テル, 実業之日本社, 1962년

『初恋の山』川森佐智子, 平凡出版, 1958년 7월

『旅と山と』黒田初子, 珊瑚書房, 1965년 9월。"On top of the world" Luree Millen
　　Paddington Press Ltd. 1976

『トルコからヒマラヤへの山旅』同人ユングフラウ 1968년 11월

『私たちのエベレスト』エベレスト日本女子登山隊, 読売新聞社, 1975년 11월

『第2回日印合同女子ヒマラヤ登山隊報告書』日本山岳会, 1976년 12월

『日本山岳会女子ガルワルヒマラヤ登山隊報告書』日本山岳婦人懇談会, 1980년
　　12월

『シシャパンマ1981년 春日本女子登山隊の記録』女子登攀クラブ, 1961년 9월

『ドサム・コーラの人と自然』西北ネパール女子学術登山隊報告書, 同人ユングフ
　　ラウ, 1983년 12월

『天山山脈托木尔峰1986년 夏日本女子登山隊の記録』女子登攀クラブ, 1986년
　　12월

『女子登攀クラブの二〇年』女子登攀クラブ, 1990년 12월

『京都大学ヒマラヤ医学学術登山隊報告書』京都大学学士山岳会, 1990년 7월

『デレ―ケ研究』第7号, デレ―ケ研究会, ㈱地域開発研究所。

『法規分類大全』26社寺門, 内閣記録局編, 原書房。

『石鎚山系の自然と人文』愛媛新聞社, 1960년

『あゆみ 30年』Bush산악회, 1987년

『人と本 日本女流登山家』(豆本) 上田茂春著, 未来工房, 1987년

찾아보기